Sundt Hjerte, Smagfuld Sjæl
Lavt Natrium Køkkenets Hemmeligheder

Karen Møller

Glad

Ørred og gulerodssuppe 12
Kalkun og fennikelgryderet 13
aubergine suppe 14
sød kartoffelcreme 15
Kylling og svampesuppe 16
stegt laks 17
Kartoffelsalat 18
Hakket oksekød og tomatgryderet 20
Rejer og avocado salat 21
creme af broccoli 22
Kålsuppe 23
Selleri og blomkålssuppe 24
Porresuppe og svinekød 25
Rejesalat med mynte og broccoli 26
Rejer og torskesuppe 27
Rejer og salatblanding 28
spinatgryderet 29
Karry blomkål blanding 30
Gulerods- og zucchinigryderet 31
Grønkål og grønne bønner gryderet 32
Svampesuppe 33
chili svinekød 34
Svampesalat med paprika og laks 35
En blanding af kikærter og kartofler 36

Kardemomme kylling blanding 37

chili linser 39

rosmarin endivie 40

citronendivie 41

asparges pesto 42

gulerod med paprika 43

cremet kartoffelgryde 44

sesamkål 45

broccoli koriander 46

Chili med rosenkål 47

Rosenkål og blandede grønne løg 48

moset blomkål 49

avocado salat 50

Radise salat 51

Cikoriesalat 52

En blanding af oliven og majs 53

Rucola og pinjekernesalat 54

mandler og spinat 55

Salat med grønne bønner og majs 56

Endivie og coleslaw 57

vi spiser salat 58

Drue- og avocadosalat 59

Blandet aubergine med oregano 60

ristede tomatblandinger 61

svampe med timian 62

Spinat- og majsgryderet 63

Brun majs og purløg 64

Spinat og mango salat 65

senneps kartofler 66

Kokos rosenkål 67

gulerodssalvie 68

Hvidløg og majssvampe 69

grønne bønner pesto 70

tomat med estragon 71

Rødbedemandler 72

Tomat, mynte og majs 73

Zucchini og avocado sauce 74

Æble- og kålblanding 75

ristede rødbeder 76

dildkål 77

Kål og gulerodssalat 78

Tomatsauce og oliven 79

Zucchinisalat 80

Karrygulerodssalat 81

Salat og rødbedesalat 82

radise med krydderurter 83

Brændt fennikelblanding 84

Brændt paprika 85

Dadel- og grønkålsstuvning 86

sorte bønner mix 87

En blanding af oliven og endivie 88

Tomat- og agurkesalat 89

Peber- og gulerodssalat 90

En blanding af sorte bønner og ris 91

En blanding af ris og blomkål 92

balsamicobønneblanding 93

cremet rødbede 94

Bland avocado og peber 95

Søde kartofler og ristede rødbeder 96

braiseret kål 97

krydrede gulerødder 98

citron artiskokker 99

Broccoli, bønner og ris 100

Ristet græskarblanding 101

cremede asparges 102

Basilikum majroe blanding 103

En blanding af ris og kapers 104

En blanding af spinat og kål 105

Blandet rejer og ananas 106

Laks og grønne oliven 107

laks og fennikel 108

torsk og asparges 109

Krydrede rejer 110

havaborre og tomat 111

rejer og bønner 112

Rejer og peberrod blanding 113

Rejer og estragon salat 114

torsk parmigiana 115

Blandet tilapia og rødløg 116

ørred salat 117

balsamørred 118

persille persille 119

Ørred og grøntsagssalat 120

safran laks 121

Rejer og vandmelon salat 122

Oregano og Quinoa rejesalat 123

Salatkrabbe 124

balsamico-muslinger 125

Cremet sålblanding 126

Krydret laks og mango blanding 127

Dild Rejeblanding 128

Laksepaté 129

artiskok rejer 130

Rejer med citronsauce 131

En blanding af tun og appelsin 132

lakse karry 133

Laks og gulerodsblanding 134

Blandede rejer og pinjekerner 135

Torsk med peberfrugt og grønne bønner 136

hvidløgsmuslinger 137

Cremet havbarsblanding 138

En blanding af havbars og svampe 139

laksesuppe 140

Muskatnød med rejer 141

Blandede rejer og røde frugter 142

bagt citronørred 143

Pilgrimme med purløg 144

tun koteletter 145

laksepande 146

senneps torskeblanding 147

Blandede rejer og asparges 148

torsk og ærter 149

Reje- og muslingeskåle 150

Myntecreme 151

hindbærbudding 152

mandelstænger 153

ristet ferskenblanding 154

Valnøddekage 155

æbletærte 156

kanel creme 157

Cremet jordbærblanding 158

Vanilje pecan brownies 159

jordbærkage 160

kakao budding 161

Vanilje muskatnødcreme 162

avocadocreme 163

hindbærcreme 164

vandmelon salat 165

Pære og kokosblanding 166

æblemos 167

abrikosgryderet 168

Citron Cantaloupe Mix 169

cremet rabarbercreme 170

ananas skåle 171

blåbærgryderet 172

Citronbudding 173

ferskencreme 174

Bland med kanel og blomme 175

Chia æbler og vanilje 176

Ris- og pærebudding 177

rabarbergryderet 178

rabarbercreme 179

blåbærsalat 180

Daddel- og banancreme 181

blommeboller 182

Afgrøde- og rosineskåle 183

solsikkestave 184

Tranebær Cashew skåle 185

Appelsin og mandarin skåle 186

Creme af græskar 187

En blanding af figner og rabarber 188

krydret banan 189

kakao cocktail 190

bananbarer 191

Grøn te dadelbarer 192

valnøddecreme 193

Citronkage 194

rosin barer 195

nektarin firkanter 196

gryderet med druer 197

mandarin og blommecreme 198

Kirsebær- og jordbærcreme 199

Kardemommenødder og risengrød 200

pærebrød 201

Risengrød og kirsebær 202

vandmelongryderet 203

ingefær budding 204

cashew creme 205

hamp cookies 206

Mandel og granatæble skåle 207

Kyllingelår og grøntsager med rosmarin 208

Kylling med gulerødder og kål 209

Aubergine og kalkun sandwich 210

Ørred og gulerodssuppe

Forberedelsestid: 10 minutter
Tilberedningstid: 25 minutter
Portioner: 4

Ingredienser:
- 1 gult løg, hakket
- 12 dl fiskebouillon med lavt natriumindhold
- 1 pund gulerødder, skåret i skiver
- 1 pund ørredfileter, udbenet, uden skind og i tern
- 1 spsk sød paprika
- 1 kop tomater, i tern
- 1 spsk olivenolie
- sort peber efter smag

Instruktioner:
1. Varm en pande op med olivenolie ved middel varme, tilsæt løget, rør rundt og steg i 5 minutter.
2. Tilsæt fisk, gulerødder og andre ingredienser, bring det i kog og kog ved middel varme i 20 minutter.
3. Fordel suppen i skåle og server.

Ernæring: kalorier 361, fedt 13,4, fibre 4,6, kulhydrater 164, protein 44,1

Kalkun og fennikelgryderet

Forberedelsestid: 10 minutter
Tilberedningstid: 45 minutter
Portioner: 4

Ingredienser:
- 1 skindfri kalkunbryst, udbenet og skåret i tern
- 2 hakkede fennikelløg
- 1 spsk olivenolie
- 2 laurbærblade
- 1 gult løg, hakket
- 1 kop dåsetomater, usaltede
- 2 bouillon med lavt natriumindhold
- 3 fed hvidløg, hakket
- sort peber efter smag

Instruktioner:
1. Varm en pande op med olie ved middel varme, tilsæt løg og kød og steg i 5 minutter.
2. Tilsæt fennikel og andre ingredienser, bring det i kog og kog ved middel varme i 40 minutter under omrøring af og til.
3. Fordel gryderet i skåle og server.

Ernæring: Kalorier 371, Fedt 12,8, Fiber 5,3, Kulhydrater 16,7, Protein 11,9

aubergine suppe

Forberedelsestid: 10 minutter
Tilberedningstid: 30 minutter
Portioner: 4

Ingredienser:
- 2 store auberginer, skåret i skiver
- 1 liter grøntsagsbouillon med lavt natriumindhold
- 2 spsk usaltet tomatpuré
- 1 rødløg, hakket
- 1 spsk olivenolie
- 1 spsk koriander, hakket
- En knivspids sort peber

Instruktioner:
1. Varm en pande op med olivenolie ved middel varme, tilsæt løget, rør rundt og steg i 5 minutter.
2. Tilsæt aubergine og andre ingredienser, sæt over medium varme, kog i 25 minutter, del i skåle og server.

Ernæring: Kalorier 335, Fedt 14,4, Fiber 5, Kulhydrater 16,1, Protein 8,4

sød kartoffelcreme

Forberedelsestid: 10 minutter
Tilberedningstid: 25 minutter
Portioner: 4

Ingredienser:
- 4 kopper grøntsagsbouillon
- 2 spsk avocadoolie
- 2 søde kartofler, skrællet og skåret i tern
- 2 gule løg, hakket
- 2 fed hvidløg, hakket
- 1 kop kokosmælk
- En knivspids sort peber
- ½ tsk basilikum, hakket

Instruktioner:
1. Varm en pande op med olivenolie ved middel varme, tilsæt løg og hvidløg, rør rundt og steg i 5 minutter.
2. Tilsæt de søde kartofler og øvrige ingredienser, bring det i kog og kog ved middel varme i 20 minutter.
3. Purér suppen med en stavblender, hæld i skåle og server til frokost.

Ernæring: Kalorier 303, Fedt 14,4, Fiber 4, Kulhydrater 9,8, Protein 4,5

Kylling og svampesuppe

Forberedelsestid: 10 minutter
Tilberedningstid: 30 minutter
Portioner: 4

Ingredienser:
- 1 liter grøntsagsbouillon, lavt natriumindhold
- 1 spsk ingefær, revet
- 1 gult løg, hakket
- 1 spsk olivenolie
- 1 pund kyllingebryst uden skind, udbenet og skåret i tern
- ½ pund skivede hvide svampe
- 4 thailandske chilipeber, hakket
- ¼ kop citronsaft
- ¼ kop koriander, hakket
- En knivspids sort peber

Instruktioner:
1. Varm en pande op med olivenolie ved middel varme, tilsæt løg, ingefær, peber og kød, bland og steg i 5 minutter.
2. Tilsæt svampene, rør rundt og kog i yderligere 5 minutter.
3. Tilsæt resten af ingredienserne, bring det i kog og kog ved middel varme i yderligere 20 minutter.
4. Fordel suppen i skåle og server med det samme.

Ernæring: Kalorier 226, Fedt 8,4, Fiber 3,3, Kulhydrater 13,6, Protein 28,2

stegt laks

Forberedelsestid: 10 minutter
Tilberedningstid: 20 minutter
Portioner: 4

Ingredienser:
- 4 udbenede laksefileter
- 3 fed hvidløg, hakket
- 1 gult løg, hakket
- sort peber efter smag
- 2 spsk olivenolie
- saft af 1 lime
- 1 spsk citronskal, revet
- 1 spsk timian, hakket

Instruktioner:
1. Varm en pande op med olivenolie ved middel varme, tilsæt løg og hvidløg, rør rundt og steg i 5 minutter.
2. Tilsæt fisken og steg i 3 minutter på hver side.
3. Tilsæt resten af ingredienserne, kog det hele i yderligere 10 minutter, del i tallerkener og server til frokost.

Ernæring: Kalorier 315, Fedt 18,1, Fiber 1,1, Kulhydrater 4,9, Protein 35,1

Kartoffelsalat

Forberedelsestid: 10 minutter
Tilberedningstid: 20 minutter
Portioner: 4

Ingredienser:
- 2 hakkede tomater
- 2 avocadoer, udstenede og skåret i skiver
- 2 kopper babyspinat
- 2 hakket purløg
- 1 pund gyldne kartofler, kogt, skrællet og skåret i skiver
- 1 spsk olivenolie
- 1 spsk citronsaft
- 1 gult løg, hakket
- 2 fed hvidløg, hakket
- sort peber efter smag
- 1 bundt koriander, hakket

Instruktioner:
1. Varm en pande op med olivenolie ved middel varme, tilsæt løg, purløg og hvidløg, rør rundt og steg i 5 minutter.
2. Tilsæt kartoflerne, rør forsigtigt og kog i yderligere 5 minutter.
3. Tilsæt resten af ingredienserne, bland, kog ved middel varme i yderligere 10 minutter, del i skåle og server til frokost.

Ernæring: Kalorier 342, Fedt 23,4, Fiber 11,7, Kulhydrater 33,5, Protein 5

Hakket oksekød og tomatgryderet

Forberedelsestid: 10 minutter
Tilberedningstid: 20 minutter
Portioner: 4

Ingredienser:
- 1 pund hakket oksekød
- 1 rødløg, hakket
- 1 spsk olivenolie
- 1 kop cherrytomater, halveret
- ½ rød peberfrugt, hakket
- sort peber efter smag
- 1 spsk hvidløg, hakket
- 1 spsk rosmarin, hakket
- 3 spiseskefulde oksebouillon med lavt natriumindhold

Instruktioner:
1. Varm en pande op med olivenolie ved middel varme, tilsæt løg og paprika, rør rundt og steg i 5 minutter.
2. Tilsæt kødet, rør rundt og steg i yderligere 5 minutter.
3. Tilsæt de øvrige ingredienser, bland, kog i 10 minutter, del i skåle og server til frokost.

Ernæring: Kalorier 320, Fedt 11,3, Fiber 4,4, Kulhydrater 18,4, Protein 9

Rejer og avocado salat

Forberedelsestid: 5 minutter
Tilberedningstid: 0 minutter
Portioner: 4

Ingredienser:
- 1 appelsin, skrællet og skåret i skiver
- 1 pund rejer, kogt, pillet og udvundet
- 2 kopper baby rucola
- 1 avocado, udstenet, skrællet og hakket
- 2 spsk olivenolie
- 2 skeer balsamicoeddike
- ½ appelsinjuice
- salt og sort peber

Instruktioner:
1. Kom rejerne med appelsiner og andre ingredienser i en salatskål, bland og server til frokost.

Ernæring: Kalorier 300, Fedt 5,2, Fiber 2, Kulhydrater 11,4, Protein 6,7

creme af broccoli

Forberedelsestid: 10 minutter
Tilberedningstid: 40 minutter
Portioner: 4

Ingredienser:
- 2 kilo broccolispirer
- 1 gult løg, hakket
- 1 spsk olivenolie
- sort peber efter smag
- 2 fed hvidløg, hakket
- 3 dl natriumfattig oksebouillon
- 1 kop kokosmælk
- 2 spsk koriander, hakket

Instruktioner:
1. Varm en pande op med olivenolie ved middel varme, tilsæt løg og hvidløg, rør rundt og steg i 5 minutter.
2. Tilsæt broccoli og andre ingredienser, bortset fra kokosmælken, bring det i kog og kog ved middel varme i yderligere 35 minutter.
3. Pisk suppen med en blender, tilsæt kokosmælken, pisk igen, del i skåle og server.

Ernæring: Kalorier 330, Fedt 11,2, Fiber 9,1, Kulhydrater 16,4, Protein 9,7

Kålsuppe

Forberedelsestid: 10 minutter
Tilberedningstid: 40 minutter
Portioner: 4

Ingredienser:
- 1 stort grønkålshoved, hakket groft
- 1 gult løg, hakket
- 1 spsk olivenolie
- sort peber efter smag
- 1 hakket porre
- 2 kopper dåsetomater, lavt natriumindhold
- 4 dl hønsebouillon, lavt natriumindhold
- 1 spsk koriander, hakket

Instruktioner:
1. Varm en pande op med olivenolie ved middel varme, tilsæt løg og porre, rør rundt og steg i 5 minutter.
2. Tilsæt kål og øvrige ingredienser undtagen koriander, bring det i kog og kog ved middel varme i 35 minutter.
3. Hæld suppen i skåle, drys med koriander og server.

Ernæring: Kalorier 340, Fedt 11,7, Fiber 6, Kulhydrater 25,8, Protein 11,8

Selleri og blomkålssuppe

Forberedelsestid: 10 minutter
Tilberedningstid: 40 minutter
Portioner: 4

Ingredienser:
- 2 pund blomkålsbuketter
- 1 rødløg, hakket
- 1 spsk olivenolie
- 1 dl tomatpuré
- sort peber efter smag
- 1 kop selleri, hakket
- 6 kopper lav-natrium kylling bouillon
- 1 spsk dild, hakket

Instruktioner:
4. Varm en pande op med olivenolie ved middel varme, tilsæt løg og selleri, rør rundt og steg i 5 minutter.
5. Tilsæt blomkål og øvrige ingredienser, bring det i kog og kog ved middel varme i yderligere 35 minutter.
6. Fordel suppen i skåle og server.

Ernæring: Kalorier 135, Fedt 4, Fiber 8, Kulhydrater 21,4, Protein 7,7

Porresuppe og svinekød

Forberedelsestid: 10 minutter
Tilberedningstid: 40 minutter
Portioner: 4

Ingredienser:
- 1 pund gryderet svinekød i tern
- sort peber efter smag
- 5 hakkede porrer
- 1 gult løg, hakket
- 2 spsk olivenolie
- 1 spsk persille, hakket
- 6 dl natriumfattig oksebouillon

Instruktioner:
4. Varm en pande op med olivenolie ved middel varme, tilsæt løg og porre, rør rundt og steg i 5 minutter.
5. Tilsæt kødet, rør rundt og steg i yderligere 5 minutter.
6. Tilsæt resten af ingredienserne, bring det i kog og kog ved middel varme i 30 minutter.
7. Fordel suppen i skåle og server.

Ernæring: Kalorier 395, Fedt 18,3, Fiber 2,6, Kulhydrater 18,4, Protein 38,2

Rejesalat med mynte og broccoli

Forberedelsestid: 5 minutter
Tilberedningstid: 20 minutter
Portioner: 4

Ingredienser:
- 1/3 kop grøntsagsbouillon med lavt natriumindhold
- 2 spsk olivenolie
- 2 dl broccolispirer
- 1 pund rejer, pillet og deveiret
- sort peber efter smag
- 1 gult løg, hakket
- 4 cherrytomater, halveret
- 2 fed hvidløg, hakket
- Saften af ½ citron
- ½ kop kalamata oliven, udstenede og halveret
- 1 spsk mynte, hakket

Instruktioner:
1. Varm en pande op med olivenolie ved middel varme, tilsæt løg og hvidløg, rør rundt og steg i 3 minutter.
2. Tilsæt rejerne, rør rundt og kog i yderligere 2 minutter.
3. Tilsæt broccoli og andre ingredienser, bland, kog i 10 minutter, del i skåle og server til frokost.

Ernæring: kalorier 270, fedt 11,3, fibre 4,1, kulhydrater 14,3, protein 28,9

Rejer og torskesuppe

Forberedelsestid: 10 minutter
Tilberedningstid: 20 minutter
Portioner: 4

Ingredienser:
- 1 liter hønsebouillon med lavt natriumindhold
- ½ pund rejer, pillet og udvundet
- ½ kilo torskefileter, udbenet, uden skind og i tern
- 2 spsk olivenolie
- 2 tsk chilipulver
- 1 tsk sød paprika
- 2 hakkede skalotteløg
- En knivspids sort peber
- 1 spsk dild, hakket

Instruktioner:
1. Varm en pande op med olivenolie ved middel varme, tilsæt skalotteløg, rør rundt og steg i 5 minutter.
2. Tilsæt rejer og torsk og kog i yderligere 5 minutter.
3. Tilsæt resten af ingredienserne, bring det i kog og kog ved middel varme i 10 minutter.
4. Fordel suppen i skåle og server.

Ernæring: Kalorier 189, Fedt 8,8, Fiber 0,8, Kulhydrater 3,2, Protein 24,6

Rejer og salatblanding

Forberedelsestid: 10 minutter
Tilberedningstid: 10 minutter
Portioner: 4

Ingredienser:
- 2 pund rejer, pillede og deveirede
- 1 kop cherrytomater, halveret
- 1 spsk olivenolie
- 4 grønne løg, hakket
- 1 spsk balsamicoeddike
- 1 spsk hvidløg, hakket

Instruktioner:
1. Varm en pande op med olivenolie ved middel varme, tilsæt løg og cherrytomater, rør rundt og steg i 4 minutter.
2. Tilsæt rejer og øvrige ingredienser, kog i yderligere 6 minutter, fordel mellem tallerkener og server.

Ernæring: Kalorier 313, Fedt 7,5, Fiber 1, Kulhydrater 6,4, Protein 52,4

spinatgryderet

Forberedelsestid: 10 minutter
Tilberedningstid: 15 minutter
Portioner: 4

Ingredienser:
- 1 spsk olivenolie
- 1 tsk ingefær, revet
- 2 fed hvidløg, hakket
- 1 gult løg, hakket
- 2 hakkede tomater
- 1 kop dåsetomater, usaltede
- 1 tsk spidskommen, stødt
- En knivspids sort peber
- 1 dl grøntsagsbouillon med lavt natriumindhold
- 2 pund spinatblade

Instruktioner:
1. Varm en pande op med olivenolie ved middel varme, tilsæt ingefær, hvidløg og løg, rør rundt og steg i 5 minutter.
2. Tilsæt tomater, dåsetomater og andre ingredienser, rør forsigtigt, bring det i kog og kog i yderligere 10 minutter.
3. Fordel gryderet i skåle og server.

Ernæring: Kalorier 123, Fedt 4,8, Fiber 7,3, Kulhydrater 17, Protein 8,2

Karry blomkål blanding

Forberedelsestid: 10 minutter
Tilberedningstid: 25 minutter
Portioner: 4

Ingredienser:
- 1 rødløg, hakket
- 1 spsk olivenolie
- 2 fed hvidløg, hakket
- 1 rød peberfrugt, hakket
- 1 grøn peberfrugt, hakket
- 1 spsk citronsaft
- 1 pund blomkålsbuketter
- 14 ounce dåsetomater, skåret i tern
- 2 tsk karrypulver
- En knivspids sort peber
- 2 kopper kokosfløde
- 1 spsk koriander, hakket

Instruktioner:
1. Varm en pande op med olivenolie ved middel varme, tilsæt løg og hvidløg, rør rundt og steg i 5 minutter.
2. Tilsæt paprika og andre ingredienser, bring det i kog og kog ved middel varme i 20 minutter.
3. Fordel det hele i skåle og server.

Ernæring: Kalorier 270, Fedt 7,7, Fiber 5,4, Kulhydrater 12,9, Protein 7

Gulerods- og zucchinigryderet

Forberedelsestid: 10 minutter
Tilberedningstid: 30 minutter
Portioner: 4

Ingredienser:
- 1 gult løg, hakket
- 2 spsk olivenolie
- 2 fed hvidløg, hakket
- 4 skiver zucchini
- 2 gulerødder, skåret i skiver
- 1 tsk sød paprika
- ¼ tsk chilipulver
- En knivspids sort peber
- ½ kop tomat, i tern
- 2 dl grøntsagsbouillon med lavt natriumindhold
- 1 spsk hvidløg, hakket
- 1 spsk rosmarin, hakket

Instruktioner:
1. Varm en pande op med olivenolie ved middel varme, tilsæt løg og hvidløg, rør rundt og steg i 5 minutter.
2. Tilsæt zucchini, gulerødder og andre ingredienser, bring det i kog og kog i yderligere 25 minutter.
3. Fordel gryderet i skåle og server straks til frokost.

Ernæring: Kalorier 272, Fedt 4,6, Fiber 4,7, Kulhydrater 14,9, Protein 9

Grønkål og grønne bønner gryderet

Forberedelsestid: 10 minutter
Tilberedningstid: 25 minutter
Portioner: 4

Ingredienser:
- 2 spsk olivenolie
- 1 rødkålshoved, hakket
- 1 rødløg, hakket
- 1 pund grønne bønner, trimmet og halveret
- 2 fed hvidløg, hakket
- 7 ounce dåsetomater, skåret i tern uden salt
- 2 dl grøntsagsbouillon med lavt natriumindhold
- En knivspids sort peber
- 1 spsk dild, hakket

Instruktioner:
1. Varm en pande op med olivenolie ved middel varme, tilsæt løg og hvidløg, rør rundt og steg i 5 minutter.
2. Tilsæt kål og andre ingredienser, rør rundt, dæk til og kog ved medium varme i 20 minutter.
3. Fordel i skåle og server til frokost.

Ernæring: kalorier 281, fedt 8,5, fibre 7,1, kulhydrater 14,9, protein 6,7

Svampesuppe

Forberedelsestid: 5 minutter
Tilberedningstid: 30 minutter
Portioner: 4

Ingredienser:
- 1 gult løg, hakket
- 1 spsk olivenolie
- 1 rød peberfrugt, hakket
- 1 tsk chilipulver
- ½ tsk peber
- 4 fed hvidløg, hakket
- 1 pund porcini-svampe, skåret i skiver
- 6 dl grøntsagsbouillon med lavt natriumindhold
- 1 dl tomat, hakket
- ½ spsk persille, hakket

Instruktioner:
1. Varm en pande op med olivenolie ved middel varme, tilsæt løg, chili, chili, chili og hvidløg, rør rundt og steg i 5 minutter.
2. Tilsæt svampene, rør rundt og kog i yderligere 5 minutter.
3. Tilsæt resten af ingredienserne, bring det i kog og kog ved middel varme i 20 minutter.
4. Fordel suppen i skåle og server.

Ernæring: Kalorier 290, Fedt 6,6, Fiber 4,6, Kulhydrater 16,9, Protein 10

chili svinekød

Forberedelsestid: 10 minutter
Tilberedningstid: 30 minutter
Portioner: 4

Ingredienser:
- 2 pund gryderet svinekød i tern
- 2 spsk chilipasta
- 1 gult løg, hakket
- 2 fed hvidløg, hakket
- 1 spsk olivenolie
- 2 dl natriumfattig oksebouillon
- 1 spsk oregano, hakket

Instruktioner:
1. Varm en pande op med olivenolie ved middel varme, tilsæt løg og hvidløg, rør rundt og steg i 5 minutter.
2. Tilsæt kødet og steg i yderligere 5 minutter.
3. Tilsæt resten af ingredienserne, bring det i kog og kog ved middel varme i yderligere 20 minutter.
4. Fordel blandingen mellem skåle og server.

Ernæring: Kalorier 363, Fedt 8,6, Fiber 7, Kulhydrater 17,3, Protein 18,4

Svampesalat med paprika og laks

Forberedelsestid: 10 minutter
Tilberedningstid: 20 minutter
Portioner: 4

Ingredienser:
- 10 oz røget laks, lavt natriumindhold, udbenet, uden skind og i tern
- 2 grønne løg, hakket
- 2 røde peberfrugter, hakket
- 1 spsk olivenolie
- ½ tsk oregano, tørret
- ½ tsk røget paprika
- En knivspids sort peber
- 8 ounce porcini-svampe, skåret i skiver
- 1 spsk citronsaft
- 1 kop udstenede og halverede sorte oliven
- 1 spsk persille, hakket

Instruktioner:
1. Varm en pande op med olivenolie ved middel varme, tilsæt løg og chilipeber, rør rundt og steg i 4 minutter.
2. Tilsæt svampene, rør rundt og brun i 5 minutter.
3. Tilsæt laks og øvrige ingredienser, bland, kog det hele i yderligere 10 minutter, del i skåle og server til frokost.

Ernæring: kalorier 321, fedt 8,5, fibre 8, kulhydrater 22,2, protein 13,5

En blanding af kikærter og kartofler

Forberedelsestid: 10 minutter
Tilberedningstid: 30 minutter
Portioner: 4

Ingredienser:
- 2 spsk olivenolie
- 1 kop usaltede dåse kikærter, drænet og skyllet
- 1 pund søde kartofler, skrællet og skåret i skiver
- 4 fed hvidløg, hakket
- 2 hakkede skalotteløg
- 1 kop dåsetomater, usaltede og hakkede
- 1 tsk koriander, stødt
- 2 hakkede tomater
- 1 dl grøntsagsbouillon med lavt natriumindhold
- En knivspids sort peber
- 1 spsk citronsaft
- 1 spsk koriander, hakket

Instruktioner:
1. Varm en pande op med olivenolie ved middel varme, tilsæt skalotteløg og hvidløg, rør rundt og steg i 5 minutter.
2. Tilsæt kikærter, kartofler og øvrige ingredienser, bring det i kog og kog ved middel varme i 25 minutter.
3. Fordel det hele i skåle og server til frokost.

Ernæring:Kalorier 341, Fedt 11,7, Fiber 6, Kulhydrater 14,9, Protein 18,7

Kardemomme kylling blanding

Forberedelsestid: 10 minutter
Tilberedningstid: 30 minutter
Portioner: 4

Ingredienser:
- 1 spsk olivenolie
- 1 pund kyllingebryst uden skind, udbenet og skåret i tern
- 1 hakket skalotteløg
- 1 spsk ingefær, revet
- 2 fed hvidløg, hakket
- 1 tsk kardemomme, stødt
- ½ tsk gurkemejepulver
- 1 tsk citronsaft
- 1 kop lavnatrium kyllingebouillon
- 1 spsk koriander, hakket

Instruktioner:
1. Varm en pande op med olivenolie ved middel varme, tilsæt skalotteløg, ingefær, hvidløg, kardemomme og safran, rør rundt og steg i 5 minutter.
2. Tilsæt kødet og steg i 5 minutter.
3. Tilsæt resten af ingredienserne, bring det hele i kog og kog i 20 minutter.
4. Fordel blandingen mellem skåle og server.

Ernæring: Kalorier 175, Fedt 6,5, Fiber 0,5, Kulhydrater 3,3, Protein 24,7

chili linser

Forberedelsestid: 10 minutter
Tilberedningstid: 35 min
Portioner: 6

Ingredienser:
- 1 grøn peberfrugt, hakket
- 1 spsk olivenolie
- 2 hakket purløg
- 2 fed hvidløg, hakket
- 24 ounce dåse linser, usaltede, drænet og skyllet
- 2 dl grøntsagsbouillon
- 2 spsk chilipulver, let
- ½ tsk chipotle pulver
- 30 ounce dåsetomater, usaltede, hakkede
- En knivspids sort peber

Instruktioner:
1. Varm en pande op med olivenolie ved middel varme, tilsæt løg og hvidløg, rør rundt og steg i 5 minutter.
2. Tilsæt paprika, linser og andre ingredienser, bring det i kog og kog ved middel varme i 30 minutter.
3. Fordel chilien i skåle og server til frokost.

Ernæring: Kalorier 466, Fedt 5, Fiber 37,6, Kulhydrater 77,9, Protein 31,2

rosmarin endivie

Forberedelsestid: 10 minutter
Tilberedningstid: 20 minutter
Portioner: 4

Ingredienser:
- 2 endive skåret på langs
- 2 spsk olivenolie
- 1 tsk rosmarin, tørret
- ½ tsk gurkemejepulver
- En knivspids sort peber

Instruktioner:
1. Kombiner endiverne med olien og andre ingredienser i en bageform, bland forsigtigt, sæt i ovnen og bag ved 400 grader F i 20 minutter.
2. Fordel mellem tallerkner og server som tilbehør.

Ernæring: Kalorier 66, Fedt 7,1, Fiber 1, Kulhydrater 1,2, Protein 0,3

citronendivie

Forberedelsestid: 10 minutter
Tilberedningstid: 20 minutter
Portioner: 4

Ingredienser:
- 4 endivier, halveret på langs
- 1 spsk citronsaft
- 1 spsk citronskal, revet
- 2 spsk fedtfattig parmesan, revet
- 2 spsk olivenolie
- En knivspids sort peber

Instruktioner:
1. Tilsæt endiverne med citronsaften og andre ingredienser, undtagen parmesanen, i et ovnfast fad og bland.
2. Drys parmesan på toppen, rist endiver ved 400 grader F i 20 minutter, del mellem pladerne og server som en side.

Ernæring: Kalorier 71, Fedt 7,1, Fiber 0,9, Kulhydrater 2,3, Protein 0,9

asparges pesto

Forberedelsestid: 10 minutter
Tilberedningstid: 20 minutter
Portioner: 4

Ingredienser:
- 1 pund asparges, trimmet
- 2 spsk basilikumpesto
- 1 spsk citronsaft
- En knivspids sort peber
- 3 spiseskefulde olivenolie
- 2 spsk koriander, hakket

Instruktioner:
1. Arranger aspargesene på en bageplade, tilsæt pesto og andre ingredienser, bland, sæt i ovnen og bag ved 400 grader F i 20 minutter.
2. Fordel mellem tallerkner og server som tilbehør.

Ernæring: Kalorier 114, Fedt 10,7, Fiber 2,4, Kulhydrater 4,6, Protein 2,6

gulerod med paprika

Forberedelsestid: 10 minutter
Tilberedningstid: 30 minutter
Portioner: 4

Ingredienser:
- 1 pund babygulerødder, trimmet
- 1 spsk sød paprika
- 1 tsk citronsaft
- 3 spiseskefulde olivenolie
- En knivspids sort peber
- 1 tsk sesamfrø

Instruktioner:
1. Arranger gulerødderne på en bageplade beklædt med bagepapir, tilsæt paprika og de øvrige ingredienser undtagen sesamfrø, bland, sæt i ovnen og bag ved 400 grader F i 30 minutter.
2. Fordel gulerødderne mellem tallerkener, drys med sesamfrø og server som tilbehør.

Ernæring: Kalorier 142, Fedt 11,3, Fiber 4,1, Kulhydrater 11,4, Protein 1,2

cremet kartoffelgryde

Forberedelsestid: 10 minutter
Tilberedningstid: 1 time
Portioner: 8

Ingredienser:
- 1 pund gyldne kartofler, skrællet og skåret i tern
- 2 spsk olivenolie
- 1 rødløg, hakket
- 2 fed hvidløg, hakket
- 2 kopper kokosfløde
- 1 spsk timian, hakket
- ¼ tsk muskatnød, stødt
- ½ kop fedtfattig parmesan, revet

Instruktioner:
1. Varm en pande op med olivenolie ved middel varme, tilsæt løg og hvidløg og steg i 5 minutter.
2. Tilsæt kartoflerne og kog i yderligere 5 minutter.
3. Hæld fløde og øvrige ingredienser i, bland forsigtigt, bring det i kog og kog ved middel varme i yderligere 40 minutter.
4. Fordel blandingen mellem tallerkener og server som tilbehør.

Ernæring: kalorier 230, fedt 19,1, fibre 3,3, kulhydrater 14,3, protein 3,6

sesamkål

Forberedelsestid: 10 minutter
Tilberedningstid: 20 minutter
Portioner: 4

Ingredienser:
- 1 pund grønkål, groft hakket
- 2 spsk olivenolie
- En knivspids sort peber
- 1 hakket skalotteløg
- 2 fed hvidløg, hakket
- 2 skeer balsamicoeddike
- 2 tsk peber
- 1 tsk sesamfrø

Instruktioner:
1. Varm en stegepande op med olivenolie ved middel varme, tilsæt skalotteløg og hvidløg og steg i 5 minutter.
2. Tilsæt kål og øvrige ingredienser, bland, kog ved middel varme i 15 minutter, del i tallerkener og server.

Ernæring: Kalorier 101, Fedt 7,6, Fiber 3,4, Kulhydrater 84, Protein 1,9

broccoli koriander

Forberedelsestid: 10 minutter
Tilberedningstid: 30 minutter
Portioner: 4

Ingredienser:
- 2 spsk olivenolie
- 1 pund broccolibuketter
- 2 fed hvidløg, hakket
- 2 spsk pebersauce
- 1 spsk citronsaft
- En knivspids sort peber
- 2 spsk koriander, hakket

Instruktioner:
1. Smid broccoli med olie, hvidløg og andre ingredienser i en bradepande, let brun, sæt i ovnen og bag ved 400 grader F i 30 minutter.
2. Fordel blandingen mellem tallerkener og server som tilbehør.

Ernæring: Kalorier 103, Fedt 7,4, Fiber 3, Kulhydrater 8,3, Protein 3,4

Chili med rosenkål

Forberedelsestid: 10 minutter
Tilberedningstid: 25 minutter
Portioner: 4

Ingredienser:
- 1 spsk olivenolie
- 1 pund rosenkål, skåret og halveret
- 2 fed hvidløg, hakket
- ½ kop fedtfattig mozzarella, strimlet
- En knivspids knust peberflager

Instruktioner:
1. Tilsæt kålen med olien og andre ingredienser, undtagen osten, i et ovnfast fad og bland.
2. Drys ost på toppen, sæt i ovnen og bag ved 400 grader F i 25 minutter.
3. Fordel mellem tallerkner og server som tilbehør.

Ernæring: Kalorier 91, Fedt 4,5, Fiber 4,3, Kulhydrater 10,9, Protein 5

Rosenkål og blandede grønne løg

Forberedelsestid: 10 minutter
Tilberedningstid: 25 minutter
Portioner: 4

Ingredienser:
- 2 spsk olivenolie
- 1 pund rosenkål, skåret og halveret
- 3 grønne løg, hakket
- 2 fed hvidløg, hakket
- 1 spsk balsamicoeddike
- 1 spsk sød paprika
- En knivspids sort peber

Instruktioner:
1. Smid rosenkål med olie og andre ingredienser i en ovnfast fad, bland og bag ved 400 grader F i 25 minutter.
2. Fordel blandingen mellem tallerkener og server.

Ernæring: Kalorier 121, Fedt 7,6, Fiber 5,2, Kulhydrater 12,7, Protein 4,4

moset blomkål

Forberedelsestid: 10 minutter
Tilberedningstid: 25 minutter
Portioner: 4

Ingredienser:
- 2 pund blomkålsbuketter
- ½ kop kokosmælk
- En knivspids sort peber
- ½ dl fedtfattig creme fraiche
- 1 spsk koriander, hakket
- 1 spsk hvidløg, hakket

Instruktioner:
1. Kom blomkålen i en gryde, dæk med vand, bring det i kog ved middel varme, kog i 25 minutter og afdryp.
2. Mos blomkålen, tilsæt mælk, sort peber og fløde, pisk godt, del i tallerkener, drys med resten af ingredienserne og server.

Ernæring: Kalorier 188, Fedt 13,4, Fiber 6,4, Kulhydrater 15, Protein 6,1

avocado salat

Forberedelsestid: 5 minutter
Tilberedningstid: 0 minutter
Portioner: 4

Ingredienser:
- 2 spsk olivenolie
- 2 avocadoer, skrællet, udstenet og skåret i skiver
- 1 kop kalamata oliven, udstenede og halveret
- 1 kop tomater, i tern
- 1 spsk ingefær, revet
- En knivspids sort peber
- 2 kopper baby rucola
- 1 spsk balsamicoeddike

Instruktioner:
1. I en skål kombineres avocadoen med kalamataen og andre ingredienser, blandes og serveres som tilbehør.

Ernæring: Kalorier 320, Fedt 30,4, Fiber 8,7, Kulhydrater 13,9, Protein 3

Radise salat

Forberedelsestid: 5 minutter
Tilberedningstid: 0 minutter
Portioner: 4

Ingredienser:
- 2 grønne løg, hakket
- 1 pund radiser i tern
- 2 skeer balsamicoeddike
- 2 spsk olivenolie
- 1 tsk chilipulver
- 1 kop udstenede og halverede sorte oliven
- En knivspids sort peber

Instruktioner:
1. I en stor salatskål kombineres radiserne med løget og andre ingredienser, blandes og serveres som tilbehør.

Ernæring: Kalorier 123, Fedt 10,8, Fiber 3,3, Kulhydrater 7, Protein 1,3

Cikoriesalat

Forberedelsestid: 5 minutter
Tilberedningstid: 0 minutter
Portioner: 4

Ingredienser:
- 2 endivie, groft hakket
- 1 spsk dild, hakket
- ¼ kop citronsaft
- ¼ kop olivenolie
- 2 kopper babyspinat
- 2 tomater, i tern
- 1 agurk, skåret i skiver
- ½ kop valnødder, hakkede

Instruktioner:
1. I en stor skål kombineres endiverne med spinaten og andre ingredienser, blandes og serveres som tilbehør.

Ernæring: Kalorier 238, Fedt 22,3, Fiber 3,1, Kulhydrater 8,4, Protein 5,7

En blanding af oliven og majs

Forberedelsestid: 5 minutter
Tilberedningstid: 0 minutter
Portioner: 4

Ingredienser:
- 2 spsk olivenolie
- 1 spsk balsamicoeddike
- En knivspids sort peber
- 4 kopper majs
- 2 kopper udstenede og halverede sorte oliven
- 1 rødløg, hakket
- ½ kop cherrytomater, halveret
- 1 spsk basilikum, hakket
- 1 spsk jalapeno, hakket
- 2 dl romainesalat, hakket

Instruktioner:
1. I en stor skål kombineres majsen med oliven, salat og andre ingredienser, blandes godt, fordeles mellem retterne og serveres som tilbehør.

Ernæring: Kalorier 290, Fedt 16,1, Fiber 7,4, Kulhydrater 37,6, Protein 6,2

Rucola og pinjekernesalat

Forberedelsestid: 5 minutter
Tilberedningstid: 0 minutter
Portioner: 4

Ingredienser:
- ¼ kop granatæblekerner
- 5 kopper baby rucola
- 6 spsk hakkede grønne løg
- 1 spsk balsamicoeddike
- 2 spsk olivenolie
- 3 skeer pinjekerner
- ½ hakket skalotteløg

Instruktioner:
1. I en salatskål kombineres rucolaen med granatæblet og andre ingredienser, blandes og serveres.

Ernæring: Kalorier 120, Fedt 11,6, Fiber 0,9, Kulhydrater 4,2, Protein 1,8

mandler og spinat

Forberedelsestid: 10 minutter
Tilberedningstid: 0 minutter
Portioner: 4

Ingredienser:
- 2 spsk olivenolie
- 2 avocadoer, skrællet, udstenet og skåret i skiver
- 3 kopper babyspinat
- ¼ kop mandler, ristede og hakkede
- 1 spsk citronsaft
- 1 spsk koriander, hakket

Instruktioner:
1. Bland avocadoen med mandler, spinat og øvrige ingredienser i en skål, bland og server som tilbehør.

Ernæring: Kalorier 181, Fedt 4, Fiber 4,8, Kulhydrater 11,4, Protein 6

Salat med grønne bønner og majs

Forberedelsestid: 4 minutter
Tilberedningstid: 0 minutter
Portioner: 4

Ingredienser:
- saft af 1 lime
- 2 dl romainesalat, hakket
- 1 kop majs
- ½ pund grønne bønner, blancheret og halveret
- 1 agurk, hakket
- 1/3 kop hvidløg, hakket

Instruktioner:
1. Kombiner grønne bønner med majs og andre ingredienser i en skål, bland og server.

Ernæring: Kalorier 225, Fedt 12, Fiber 2,4, Kulhydrater 11,2, Protein 3,5

Endivie og coleslaw

Forberedelsestid: 4 minutter
Tilberedningstid: 0 minutter
Portioner: 4

Ingredienser:
- 3 spiseskefulde olivenolie
- 2 endivie, trimmet og hakket
- 2 spsk citronsaft
- 1 spsk citronskal, revet
- 1 rødløg, skåret i skiver
- 1 spsk balsamicoeddike
- 1 pund grønkål, strimlet
- En knivspids sort peber

Instruktioner:
1. Kom endiverne i en skål sammen med grønkålen og andre ingredienser, bland godt og server koldt som tilbehør.

Ernæring: Kalorier 270, Fedt 11,4, Fiber 5, Kulhydrater 14,3, Protein 5,7

vi spiser salat

Forberedelsestid: 5 minutter
Tilberedningstid: 6 minutter
Portioner: 4

Ingredienser:
- 2 spsk olivenolie
- 2 skeer balsamicoeddike
- 2 fed hvidløg, hakket
- 3 kopper edamame, afskallet
- 1 spsk hvidløg, hakket
- 2 hakkede skalotteløg

Instruktioner:
1. Varm en pande op med olie ved middel varme, tilsæt edamame, hvidløg og andre ingredienser, rør rundt, kog i 6 minutter, fordel mellem tallerkener og server.

Ernæring: Kalorier 270, Fedt 8,4, Fiber 5,3, Kulhydrater 11,4, Protein 6

Drue- og avocadosalat

Forberedelsestid: 5 minutter
Tilberedningstid: 0 minutter
Portioner: 4

Ingredienser:
- 2 kopper babyspinat
- 2 avocadoer, skrællet, udstenet og hakket groft
- 1 agurk, skåret i skiver
- 1 og ½ kop rå druer, halveret
- 2 spsk avocadoolie
- 1 spsk cidereddike
- 2 spsk persille, hakket
- En knivspids sort peber

Instruktioner:
1. I en salatskål kombineres spinaten med avocadoen og andre ingredienser, blandes og serveres.

Ernæring: Kalorier 277, Fedt 11,4, Fiber 5, Kulhydrater 14,6, Protein 4

Blandet aubergine med oregano

Forberedelsestid: 10 minutter
Tilberedningstid: 20 minutter
Portioner: 4

Ingredienser:
- 2 store auberginer, skåret i skiver
- 1 spsk oregano, hakket
- ½ kop fedtfattig parmesan, revet
- ¼ tsk hvidløgspulver
- 2 spsk olivenolie
- En knivspids sort peber

Instruktioner:
1. Kombiner auberginen med oregano og andre ingredienser undtagen osten i en ovnfast fad og bland.
2. Drys parmesan over, sæt i ovnen og bag ved 370 grader i 20 minutter.
3. Fordel mellem tallerkner og server som tilbehør.

Ernæring: Kalorier 248, Fedt 8,4, Fiber 4, Kulhydrater 14,3, Protein 5,4

ristede tomatblandinger

Forberedelsestid: 10 minutter
Tilberedningstid: 20 minutter
Portioner: 4

Ingredienser:
- 2 pund tomater, halveret
- 1 spsk basilikum, hakket
- 3 spiseskefulde olivenolie
- 1 citronskal, revet
- 3 fed hvidløg, hakket
- ¼ kop fedtfattig parmesan, revet
- En knivspids sort peber

Instruktioner:
1. Bland tomaterne med basilikum og alle andre ingredienser undtagen osten i et ovnfast fad og bland.
2. Drys parmesan på toppen, bag ved 375 grader F i 20 minutter, del mellem pladerne og server som en side.

Ernæring: Kalorier 224, Fedt 12, Fiber 4,3, Kulhydrater 10,8, Protein 5,1

svampe med timian

Forberedelsestid: 10 minutter
Tilberedningstid: 30 minutter
Portioner: 4

Ingredienser:
- 2 pund porcini-svampe, halveret
- 4 fed hvidløg, hakket
- 2 spsk olivenolie
- 1 spsk timian, hakket
- 2 spsk persille, hakket
- sort peber efter smag

Instruktioner:
1. Kombiner svampe med hvidløg og andre ingredienser i en ovnfast fad, bland, sæt i ovnen og bag ved 400 grader F i 30 minutter.
2. Fordel mellem tallerkner og server som tilbehør.

Ernæring: Kalorier 251, Fedt 9,3, Fiber 4, Kulhydrater 13,2, Protein 6

Spinat- og majsgryderet

Forberedelsestid: 10 minutter
Tilberedningstid: 15 minutter
Portioner: 4

Ingredienser:
- 1 kop majs
- 1 pund spinatblade
- 1 tsk sød paprika
- 1 spsk olivenolie
- 1 gult løg, hakket
- ½ kop basilikum, strimlet
- En knivspids sort peber
- ½ tsk rød peberflager

Instruktioner:
1. Varm en pande op med olie ved middel varme, tilsæt løget, rør rundt og steg i 5 minutter.
2. Tilsæt majs, spinat og andre ingredienser, bland, kog ved middel varme i yderligere 10 minutter, fordel mellem tallerkener og server.

Ernæring: kalorier 201, fedt 13,1, fibre 2,5, kulhydrater 14,4, protein 3,7

Brun majs og purløg

Forberedelsestid: 10 minutter
Tilberedningstid: 15 minutter
Portioner: 4

Ingredienser:
- 4 kopper majs
- 1 spsk avocadoolie
- 2 hakkede skalotteløg
- 1 tsk chilipulver
- 2 spsk tomatpuré, usaltet
- 3 hakket purløg
- En knivspids sort peber

Instruktioner:
1. Varm en pande op med olivenolie ved middel varme, tilsæt løg og chilipeber, rør rundt og steg i 5 minutter.
2. Tilsæt majs og andre ingredienser, rør rundt, kog i yderligere 10 minutter, del i tallerkener og server som tilbehør.

Ernæring: Kalorier 259, Fedt 11,1, Fiber 2,6, Kulhydrater 13,2, Protein 3,5

Spinat og mango salat

Forberedelsestid: 10 minutter
Tilberedningstid: 0 minutter
Portioner: 4

Ingredienser:
- 1 dl mango, skrællet og skåret i tern
- 4 kopper babyspinat
- 1 spsk olivenolie
- 2 hakket purløg
- 1 spsk citronsaft
- 1 spsk kapers, drænet, uden salt
- 1/3 kop mandler, hakkede

Instruktioner:
1. Kombiner spinaten med mango og andre ingredienser i en skål, rør rundt og server.

Ernæring: Kalorier 200, Fedt 7,4, Fiber 3, Kulhydrater 4,7, Protein 4,4

senneps kartofler

Forberedelsestid: 5 minutter
Tilberedningstid: 1 time
Portioner: 4

Ingredienser:
- 1 pund gyldne kartofler, skrællet og skåret i tern
- 2 spsk olivenolie
- En knivspids sort peber
- 2 spsk rosmarin, hakket
- 1 spsk dijonsennep
- 2 fed hvidløg, hakket

Instruktioner:
1. Kombiner kartoflerne med olien og andre ingredienser i en ovnfast fad, bland, sæt dem i ovnen ved 400 grader F og bag dem i cirka 1 time.
2. Fordel mellem tallerkener og server straks som tilbehør.

Ernæring: Kalorier 237, Fedt 11,5, Fiber 6,4, Kulhydrater 14,2, Protein 9

Kokos rosenkål

Forberedelsestid: 5 minutter
Tilberedningstid: 30 minutter
Portioner: 4

Ingredienser:
- 1 pund rosenkål, skåret og halveret
- 1 dl kokosfløde
- 1 spsk olivenolie
- 2 hakkede skalotteløg
- En knivspids sort peber
- ½ kop hakkede cashewnødder

Instruktioner:
1. I en gryde kombineres spirerne med fløden og andre ingredienser, blandes og bages i 30 minutter ved 350 grader F.
2. Fordel mellem tallerkner og server som tilbehør.

Ernæring: Kalorier 270, Fedt 6,5, Fiber 5,3, Kulhydrater 15,9, Protein 3,4

gulerodssalvie

Forberedelsestid: 10 minutter
Tilberedningstid: 30 minutter
Portioner: 4

Ingredienser:
- 2 spsk olivenolie
- 2 tsk paprika
- 1 pund gulerødder, skrællet og groft hakket
- 1 rødløg, hakket
- 1 spsk salvie, hakket
- En knivspids sort peber

Instruktioner:
1. Kombiner gulerødder med olie og andre ingredienser i en bageform, bland og bag ved 380 grader F i 30 minutter.
2. Fordel mellem tallerkener og server.

Ernæring: Kalorier 200, Fedt 8,7, Fiber 2,5, Kulhydrater 7,9, Protein 4

Hvidløg og majssvampe

Forberedelsestid: 10 minutter
Tilberedningstid: 20 minutter
Portioner: 4

Ingredienser:
- 1 pund porcini-svampe, halveret
- 2 kopper majs
- 2 spsk olivenolie
- 4 fed hvidløg, hakket
- 1 kop usaltede dåsetomater, hakket
- En knivspids sort peber
- ½ tsk chilipulver

Instruktioner:
1. Varm en pande op med olivenolie ved middel varme, tilsæt svampe, hvidløg og majs, rør rundt og steg i 10 minutter.
2. Tilsæt resten af ingredienserne, bland, kog ved middel varme i yderligere 10 minutter, del i tallerkener og server.

Ernæring: Kalorier 285, Fedt 13, Fiber 2,2, Kulhydrater 14,6, Protein 6,7.

grønne bønner pesto

Forberedelsestid: 10 minutter
Tilberedningstid: 15 minutter
Portioner: 4

Ingredienser:
- 2 spsk basilikumpesto
- 2 tsk paprika
- 1 pund grønne bønner, trimmet og halveret
- 1 citronsaft
- 2 spsk olivenolie
- 1 rødløg, skåret i skiver
- En knivspids sort peber

Instruktioner:
1. Varm en pande op med olie ved middel varme, tilsæt løget, rør rundt og steg i 5 minutter.
2. Tilsæt bønner og øvrige ingredienser, rør rundt, kog ved middel varme i 10 minutter, fordel mellem tallerkener og server.

Ernæring: Kalorier 280, Fedt 10, Fiber 7,6, Kulhydrater 13,9, Protein 4,7

tomat med estragon

Forberedelsestid: 5 minutter
Tilberedningstid: 0 minutter
Portioner: 4

Ingredienser:
- 1 og ½ spsk olivenolie
- 1 pund tomater, skåret i skiver
- 1 spsk citronsaft
- 1 spsk citronskal, revet
- 2 spsk estragon, hakket
- En knivspids sort peber

Instruktioner:
1. I en skål kombineres tomaterne med de øvrige ingredienser, blandes og serveres som salat.

Ernæring: Kalorier 170, Fedt 4, Fiber 2.1, Kulhydrater 11.8, Protein 6

Rødbedemandler

Forberedelsestid: 10 minutter
Tilberedningstid: 30 minutter
Portioner: 4

Ingredienser:
- 4 rødbeder, skrællet og skåret i skiver
- 3 spiseskefulde olivenolie
- 2 spsk mandler, hakkede
- 2 skeer balsamicoeddike
- En knivspids sort peber
- 2 spsk persille, hakket

Instruktioner:
1. Bland rødbederne med olien og øvrige ingredienser i et ovnfast fad, rør rundt, sæt i ovnen og bag ved 400 grader i 30 minutter.
2. Fordel blandingen mellem tallerkener og server.

Ernæring: Kalorier 230, Fedt 11, Fiber 4,2, Kulhydrater 7,3, Protein 3,6

Tomat, mynte og majs

Forberedelsestid: 5 minutter
Tilberedningstid: 0 minutter
Portioner: 4

Ingredienser:
- 2 spsk mynte, hakket
- 1 pund tomater, skåret i skiver
- 2 kopper majs
- 2 spsk olivenolie
- 1 spsk rosmarineddike
- En knivspids sort peber

Instruktioner:
1. I en salatskål kombineres tomaten med majs og andre ingredienser, blandes og serveres.

Sætter pris på!

Ernæring: Kalorier 230, Fedt 7,2, Fiber 2, Kulhydrater 11,6, Protein 4

Zucchini og avocado sauce

Forberedelsestid: 5 minutter
Tilberedningstid: 10 minutter
Portioner: 4

Ingredienser:
- 2 spsk olivenolie
- 2 zucchini i tern
- 1 avocado, skrællet, udstenet og hakket
- 2 tomater, i tern
- 1 agurk, i tern
- 1 gult løg, hakket
- 2 spsk frisk citronsaft
- 2 spsk koriander, hakket

Instruktioner:
1. Varm en pande med olie op over middel varme, tilsæt løg og zucchini, rør rundt og steg i 5 minutter.
2. Tilsæt resten af ingredienserne, bland, kog i yderligere 5 minutter, del i tallerkener og server.

Ernæring: kalorier 290, fedt 11,2, fibre 6,1, kulhydrater 14,7, protein 5,6

Æble- og kålblanding

Forberedelsestid: 5 minutter
Tilberedningstid: 0 minutter
Portioner: 4

Ingredienser:
- 2 grønne æbler, udkernede og skåret i tern
- 1 rødkålshoved, hakket
- 2 skeer balsamicoeddike
- ½ tsk spidskommen
- 2 spsk olivenolie
- sort peber efter smag

Instruktioner:
1. I en skål kombineres kålen med æblerne og andre ingredienser, blandes og serveres som salat.

Ernæring: Kalorier 165, Fedt 7,4, Fiber 7,3, Kulhydrater 26, Protein 2,6

ristede rødbeder

Forberedelsestid: 10 minutter
Tilberedningstid: 30 minutter
Portioner: 4

Ingredienser:
- 4 rødbeder, skrællet og skåret i skiver
- 2 spsk olivenolie
- 2 fed hvidløg, hakket
- En knivspids sort peber
- ¼ kop persille, hakket
- ¼ kop valnødder, hakket

Instruktioner:
1. Kombiner rødbederne med olien og de resterende ingredienser i en bageform, bland godt, bag ved 420 grader F, bag i 30 minutter, del mellem pladerne og server som tilbehør.

Ernæring: Kalorier 156, Fedt 11,8, Fiber 2,7, Kulhydrater 11,5, Protein 3,8

dildkål

Forberedelsestid: 10 minutter
Tilberedningstid: 15 minutter
Portioner: 4

Ingredienser:
- 1 pund grønkål, hakket
- 1 gult løg, hakket
- 1 tomat, i tern
- 1 spsk dild, hakket
- En knivspids sort peber
- 1 spsk olivenolie

Instruktioner:
1. Varm en pande op med olie ved middel varme, tilsæt løg og steg i 5 minutter.
2. Tilsæt kål og øvrige ingredienser, bland, kog ved middel varme i 10 minutter, del i tallerkener og server.

Ernæring: Kalorier 74, Fedt 3,7, Fiber 3,7, Kulhydrater 10,2, Protein 2,1

Kål og gulerodssalat

Forberedelsestid: 5 minutter
Tilberedningstid: 0 minutter
Portioner: 4

Ingredienser:
- 2 hakkede skalotteløg
- 2 gulerødder, revet
- 1 stort rødkålshoved, strimlet
- 1 spsk olivenolie
- 1 spsk rød eddike
- En knivspids sort peber
- 1 spsk citronsaft

Instruktioner:
1. Kom grønkålen med skalotteløg og andre ingredienser i en skål, rør rundt og server som salat.

Ernæring: Kalorier 106, Fedt 3,8, Fiber 6,5, Kulhydrater 18, Protein 3,3

Tomatsauce og oliven

Forberedelsestid: 10 minutter
Tilberedningstid: 0 minutter
Portioner: 6

Ingredienser:
- 1 pund cherrytomater, halveret
- 2 spsk olivenolie
- 1 kop kalamata oliven, udstenede og halveret
- En knivspids sort peber
- 1 rødløg, hakket
- 1 spsk balsamicoeddike
- ¼ kop koriander, hakket

Instruktioner:
1. Bland tomaterne med oliven og øvrige ingredienser i en skål, bland og server som salat.

Ernæring: Kalorier 131, Fedt 10,9, Fiber 3,1, Kulhydrater 9,2, Protein 1,6

Zucchinisalat

Forberedelsestid: 4 minutter
Tilberedningstid: 0 minutter
Portioner: 4

Ingredienser:
- 2 zucchini, skåret i skiver med en spiralizer
- 1 rødløg, skåret i skiver
- 1 skefuld basilikumpesto
- 1 spsk citronsaft
- 1 spsk olivenolie
- ½ kop koriander, hakket
- sort peber efter smag

Instruktioner:
1. I en salatskål kombineres zucchinien med løget og andre ingredienser, blandes og serveres.

Ernæring: Kalorier 58, Fedt 3,8, Fiber 1,8, Kulhydrater 6, Protein 1,6

Karrygulerodssalat

Forberedelsestid: 4 minutter
Tilberedningstid: 0 minutter
Portioner: 4

Ingredienser:
- 1 pund gulerødder, skrællet og groft revet
- 2 spsk avocadoolie
- 2 spsk citronsaft
- 3 spsk sesamfrø
- ½ tsk karrypulver
- 1 tsk rosmarin, tørret
- ½ tsk spidskommen, stødt

Instruktioner:
1. Kom gulerødder med olie, citronsaft og andre ingredienser i en skål, bland og server koldt som tilbehør.

Ernæring: Kalorier 99, Fedt 4,4, Fiber 4,2, Kulhydrater 13,7, Protein 2,4

Salat og rødbedesalat

Forberedelsestid: 5 minutter
Tilberedningstid: 0 minutter
Portioner: 4

Ingredienser:
- 1 spsk ingefær, revet
- 2 fed hvidløg, hakket
- 4 kopper romainesalat, strimlet
- 1 rødbede, skrællet og revet
- 2 grønne løg, hakket
- 1 spsk balsamicoeddike
- 1 spsk sesamfrø

Instruktioner:
1. I en skål kombineres salaten med ingefær, hvidløg og andre ingredienser, blandes og serveres som tilbehør.

Ernæring: Kalorier 42, Fedt 1,4, Fiber 1,5, Kulhydrater 6,7, Protein 1,4

radise med krydderurter

Forberedelsestid: 5 minutter
Tilberedningstid: 0 minutter
Portioner: 4

Ingredienser:
- 1 pund røde radiser, groft hakket
- 1 spsk hvidløg, hakket
- 1 spsk persille, hakket
- 1 spsk oregano, hakket
- 2 spsk olivenolie
- 1 spsk citronsaft
- sort peber efter smag

Instruktioner:
1. I en salatskål kombineres radiserne med purløg og andre ingredienser, blandes og serveres.

Ernæring: Kalorier 85, Fedt 7,3, Fiber 2,4, Kulhydrater 5,6, Protein 1

Brændt fennikelblanding

Forberedelsestid: 5 minutter
Tilberedningstid: 20 minutter
Portioner: 4

Ingredienser:
- 2 hakkede fennikelløg
- 1 tsk sød paprika
- 1 lille rødløg, hakket
- 2 spsk olivenolie
- 2 spsk citronsaft
- 2 spsk dild, hakket
- sort peber efter smag

Instruktioner:
1. I en gryde kombineres fennikel med paprika og andre ingredienser, blandes og bages ved 380 grader F i 20 minutter.
2. Fordel blandingen mellem tallerkener og server.

Ernæring: Kalorier 114, Fedt 7,4, Fiber 4,5, Kulhydrater 13,2, Protein 2,1

Brændt paprika

Forberedelsestid: 10 minutter
Tilberedningstid: 30 minutter
Portioner: 4

Ingredienser:
- 1 pund blandet peberfrugt, skåret i skiver
- 1 rødløg, skåret i tynde skiver
- 2 spsk olivenolie
- sort peber efter smag
- 1 spsk oregano, hakket
- 2 spsk mynteblade, hakket

Instruktioner:
1. Kombiner peberfrugterne med løgene og andre ingredienser i en stegepande, bland og kog ved 380 grader F i 30 minutter.
2. Fordel blandingen mellem tallerkener og server.

Ernæring: Kalorier 240, Fedt 8,2, Fiber 4,2, Kulhydrater 11,3, Protein 5,6

Dadel- og grønkålsstuvning

Forberedelsestid: 5 minutter
Tilberedningstid: 15 minutter
Portioner: 4

Ingredienser:
- 1 pund rødkål, hakket
- 8 udstenede og snittede dadler
- 2 spsk olivenolie
- ¼ kop grøntsagsbouillon med lavt natriumindhold
- 2 spsk hvidløg, hakket
- 2 spsk citronsaft
- sort peber efter smag

Instruktioner:
1. Varm en pande op med olie ved middel varme, tilsæt kål og dadler, rør rundt og kog i 4 minutter.
2. Hæld bouillon og øvrige ingredienser i, bland, kog ved middel varme i yderligere 11 minutter, del i tallerkener og server.

Ernæring: Kalorier 280, Fedt 8,1, Fiber 4,1, Kulhydrater 8,7, Protein 6,3

sorte bønner mix

Forberedelsestid: 4 minutter
Tilberedningstid: 0 minutter
Portioner: 4

Ingredienser:
- 3 kopper sorte bønner på dåse, usaltede, drænet og skyllet
- 1 kop cherrytomater, halveret
- 2 hakkede skalotteløg
- 3 spiseskefulde olivenolie
- 1 spsk balsamicoeddike
- sort peber efter smag
- 1 spsk hvidløg, hakket

Instruktioner:
1. Bland bønnerne med tomat og øvrige ingredienser i en skål, bland og server koldt som tilbehør.

Ernæring: Kalorier 310, Fedt 11,0, Fiber 5,3, Kulhydrater 19,6, Protein 6,8

En blanding af oliven og endivie

Forberedelsestid: 4 minutter
Tilberedningstid: 0 minutter
Portioner: 4

Ingredienser:
- 2 hakket purløg
- 2 hakkede endivier
- 1 kop udstenede og snittede sorte oliven
- ½ kop kalamata oliven, udstenede og skåret i skiver
- ¼ kop æblecidereddike
- 2 spsk olivenolie
- 1 spsk koriander, hakket

Instruktioner:
1. Bland endiverne med oliven og øvrige ingredienser i en skål, bland og server.

Ernæring: kalorier 230, fedt 9,1, fibre 6,3, kulhydrater 14,6, protein 7,2

Tomat- og agurkesalat

Forberedelsestid: 5 minutter
Tilberedningstid: 0 minutter
Portioner: 4

Ingredienser:
- ½ kilo tomater i tern
- 2 agurker, skåret i skiver
- 1 spsk olivenolie
- 2 hakket purløg
- sort peber efter smag
- saft af 1 lime
- ½ kop basilikum, hakket

Instruktioner:
1. I en salatskål kombineres tomaterne med agurkerne og andre ingredienser, blandes og serveres koldt.

Ernæring: Kalorier 224, Fedt 11,2, Fiber 5,1, Kulhydrater 8,9, Protein 6,2

Peber- og gulerodssalat

Forberedelsestid: 5 minutter
Tilberedningstid: 0 minutter
Portioner: 4

Ingredienser:
- 1 kop cherrytomater, halveret
- 1 gul peberfrugt, hakket
- 1 rød peberfrugt, hakket
- 1 grøn peberfrugt, hakket
- ½ pund gulerødder, revet
- 3 spsk rødvinseddike
- 2 spsk olivenolie
- 1 spsk koriander, hakket
- sort peber efter smag

Instruktioner:
1. I en salatskål kombineres tomaterne med peberfrugter, gulerødder og andre ingredienser, blandes og serveres som salat.

Ernæring: Kalorier 123, Fedt 4, Fiber 8,4, Kulhydrater 14,4, Protein 1,1

En blanding af sorte bønner og ris

Forberedelsestid: 10 minutter
Tilberedningstid: 30 minutter
Portioner: 4

Ingredienser:
- 2 spsk olivenolie
- 1 gult løg, hakket
- 1 kop usaltede sorte bønner på dåse, drænet og skyllet
- 2 kopper sorte ris
- 4 kopper lav-natrium kylling bouillon
- 2 spsk timian, hakket
- ½ citronskal, revet
- En knivspids sort peber

Instruktioner:
1. Varm en stegepande op med olivenolie ved middel varme, tilsæt løget, rør rundt og steg i 4 minutter.
2. Tilsæt bønner, ris og andre ingredienser, rør rundt, bring det i kog og kog ved medium varme i 25 minutter.
3. Rør blandingen, del mellem tallerkener og server.

Ernæring: Kalorier 290, Fedt 15,3, Fiber 6,2, Kulhydrater 14,6, Protein 8

En blanding af ris og blomkål

Forberedelsestid: 10 minutter
Tilberedningstid: 25 minutter
Portioner: 4

Ingredienser:
- 1 kop blomkålsbuketter
- 1 kop hvide ris
- 2 dl lavnatrium kyllingebouillon
- 1 spsk avocadoolie
- 2 hakkede skalotteløg
- ¼ kop tranebær
- ½ kop mandler, skåret i skiver

Instruktioner:
1. Varm en pande op med olivenolie ved middel varme, tilsæt skalotteløg, rør rundt og steg i 5 minutter.
2. Tilsæt blomkål, ris og andre ingredienser, rør rundt, bring det i kog og kog ved middel varme i 20 minutter.
3. Fordel blandingen mellem tallerkener og server.

Ernæring: Kalorier 290, Fedt 15,1, Fiber 5,6, Kulhydrater 7, Protein 4,5

balsamicobønneblanding

Forberedelsestid: 10 minutter
Tilberedningstid: 0 minutter
Portioner: 4

Ingredienser:

- 2 kopper sorte bønner på dåse, usaltede, drænet og skyllet
- 2 dl hvide bønner på dåse, usaltede, afdryppede og skyllede
- 2 skeer balsamicoeddike
- 2 spsk olivenolie
- 1 tsk oregano, tørret
- 1 tsk basilikum, tørret
- 1 spsk hvidløg, hakket

Instruktioner:

1. I en salatskål drysses bønnerne med eddike og andre ingredienser, blandes og serveres som salat.

Ernæring: Kalorier 322, Fedt 15,1, Fiber 10, Kulhydrater 22,0, Protein 7

cremet rødbede

Forberedelsestid: 5 minutter
Tilberedningstid: 20 minutter
Portioner: 4

Ingredienser:
- 1 pund rødbeder, skrællet og skåret i tern
- 1 rødløg, hakket
- 1 spsk olivenolie
- ½ kop kokosfløde
- 4 spiseskefulde fedtfattig yoghurt
- 1 spsk hvidløg, hakket

Instruktioner:
1. Varm en stegepande op med olivenolie ved middel varme, tilsæt løget, rør rundt og steg i 4 minutter.
2. Tilsæt rødbeder, creme fraiche og andre ingredienser, bland, kog ved middel varme i yderligere 15 minutter, del i tallerkener og server.

Ernæring: Kalorier 250, Fedt 13,4, Fiber 3, Kulhydrater 13,3, Protein 6,4

Bland avocado og peber

Forberedelsestid: 10 minutter
Tilberedningstid: 14 minutter
Portioner: 4

Ingredienser:
- 1 spsk avocadoolie
- 1 tsk sød paprika
- 1 pund blandet peberfrugt, skåret i strimler
- 1 avocado, skrællet, udstenet og halveret
- 1 tsk hvidløgspulver
- 1 tsk rosmarin, tørret
- ½ dl grøntsagsbouillon med lavt natriumindhold
- sort peber efter smag

Instruktioner:
1. Varm en pande op med olivenolie ved middel varme, tilsæt alle peberfrugterne, bland og steg i 5 minutter.
2. Tilsæt resten af ingredienserne, bland, kog i yderligere 9 minutter ved middel varme, del i tallerkener og server.

Ernæring: Kalorier 245, Fedt 13,8, Fiber 5, Kulhydrater 22,5, Protein 5,4

Søde kartofler og ristede rødbeder

Forberedelsestid: 10 minutter
Tilberedningstid: 1 time
Portioner: 4

Ingredienser:
- 3 spiseskefulde olivenolie
- 2 søde kartofler, skrællet og delt i kvarte
- 2 rødbeder, skrællet og skåret i skiver
- 1 spsk oregano, hakket
- 1 spsk citronsaft
- sort peber efter smag

Instruktioner:
1. Arranger søde kartofler og rødbeder på en bageplade, tilsæt de resterende ingredienser, bland, sæt i ovnen og bag ved 375 grader F i 1 time.
2. Fordel mellem tallerkner og server som tilbehør.

Ernæring: Kalorier 240, Fedt 11,2, Fiber 4, Kulhydrater 8,6, Protein 12,1

braiseret kål

Forberedelsestid: 10 minutter
Tilberedningstid: 15 minutter
Portioner: 4

Ingredienser:
- 2 spsk olivenolie
- 3 spiseskefulde kokos aminosyrer
- 1 pund grønkål, strimlet
- 1 rødløg, hakket
- 2 fed hvidløg, hakket
- 1 spsk citronsaft
- 1 spsk koriander, hakket

Instruktioner:
1. Varm en pande op med olivenolie ved middel varme, tilsæt løg og hvidløg og steg i 5 minutter.
2. Tilsæt kål og øvrige ingredienser, rør rundt, kog ved middel varme i 10 minutter, fordel mellem tallerkener og server.

Ernæring: Kalorier 200, Fedt 7,1, Fiber 2, Kulhydrater 6,4, Protein 6

krydrede gulerødder

Forberedelsestid: 10 minutter
Tilberedningstid: 20 minutter
Portioner: 4

Ingredienser:
- 1 spsk citronsaft
- 1 spsk olivenolie
- ½ tsk stødt allehånde
- ½ tsk spidskommen, stødt
- ½ tsk muskatnød, stødt
- 1 pund babygulerødder, trimmet
- 1 spsk rosmarin, hakket
- sort peber efter smag

Instruktioner:
1. Kombiner gulerødderne med citronsaft, olie og andre ingredienser i en gryde, rør rundt, sæt i ovnen og bag ved 400 grader F i 20 minutter.
2. Fordel mellem tallerkener og server.

Ernæring: Kalorier 260, Fedt 11,2, Fiber 4,5, Kulhydrater 8,3, Protein 4,3

citron artiskokker

Forberedelsestid: 10 minutter
Tilberedningstid: 20 minutter
Portioner: 4

Ingredienser:
- 2 spsk citronsaft
- 4 artiskokker, trimmet og halveret
- 1 spsk dild, hakket
- 2 spsk olivenolie
- En knivspids sort peber

Instruktioner:
1. Kombiner artiskokker med citronsaft og andre ingredienser i en stegepande, vend forsigtigt og bag ved 400 grader F i 20 minutter. Fordel mellem tallerkener og server.

Ernæring: Kalorier 140, Fedt 7,3, Fiber 8,9, Kulhydrater 17,7, Protein 5,5

Broccoli, bønner og ris

Forberedelsestid: 10 minutter
Tilberedningstid: 30 minutter
Portioner: 4

Ingredienser:
- 1 kop hakkede broccolibuketter
- 1 kop dåse sorte bønner, usaltede, drænet
- 1 kop hvide ris
- 2 dl lavnatrium kyllingebouillon
- 2 tsk paprika
- sort peber efter smag

Instruktioner:
1. Hæld bouillonen i en gryde, sæt den over middel varme, tilsæt ris og andre ingredienser, rør rundt, bring det i kog og kog i 30 minutter under omrøring af og til.
2. Fordel blandingen mellem tallerkener og server som tilbehør.

Ernæring: Kalorier 347, Fedt 1,2, Fiber 9, Kulhydrater 69,3, Protein 15,1

Ristet græskarblanding

Forberedelsestid: 10 minutter
Tilberedningstid: 45 minutter
Portioner: 4

Ingredienser:
- 2 spsk olivenolie
- 2 pund græskar, skrællet og skåret i skiver
- 1 spsk citronsaft
- 1 tsk chilipulver
- 1 tsk hvidløgspulver
- 2 tsk koriander, hakket
- En knivspids sort peber

instruktioner
1. Kombiner butternut squash med olie og andre ingredienser i en gryde, rør forsigtigt, bag ved 400 grader F i 45 minutter, del mellem pladerne og server som tilbehør.

Ernæring: Kalorier 167, Fedt 7,4, Fiber 4,9, Kulhydrater 27,5, Protein 2,5

cremede asparges

Forberedelsestid: 5 minutter
Tilberedningstid: 20 minutter
Portioner: 4

Ingredienser:
- ½ tsk muskatnød, stødt
- 1 pund asparges, trimmet og halveret
- 1 dl kokosfløde
- 1 gult løg, hakket
- 2 spsk olivenolie
- 1 spsk citronsaft
- 1 spsk koriander, hakket

Instruktioner:
1. Varm en pande op med olivenolie ved middel varme, tilsæt løg og muskatnød, rør rundt og steg i 5 minutter.
2. Tilsæt asparges og andre ingredienser, rør rundt, bring i kog og kog ved middel varme i 15 minutter.
3. Fordel mellem tallerkener og server.

Ernæring: Kalorier 236, Fedt 21,6, Fiber 4,4, Kulhydrater 11,4, Protein 4,2

Basilikum majroe blanding

Forberedelsestid: 10 minutter
Tilberedningstid: 15 minutter
Portioner: 4

Ingredienser:
- 1 spsk avocadoolie
- 4 majroer, skåret i skiver
- ¼ kop basilikum, hakket
- sort peber efter smag
- ¼ kop grøntsagsbouillon med lavt natriumindhold
- ½ kop valnødder, hakkede
- 2 fed hvidløg, hakket

Instruktioner:
1. Varm en stegepande op med olivenolie ved middel varme, tilsæt hvidløg og majroer og steg i 5 minutter.
2. Tilsæt resten af ingredienserne, bland, kog i yderligere 10 minutter, del i tallerkener og server.

Ernæring: Kalorier 140, Fedt 9,7, Fiber 3,3, Kulhydrater 10,5, Protein 5

En blanding af ris og kapers

Forberedelsestid: 10 minutter
Tilberedningstid: 20 minutter
Portioner: 4

Ingredienser:
- 1 kop hvide ris
- 1 spsk kapers, hakket
- 2 dl lavnatrium kyllingebouillon
- 1 rødløg, hakket
- 1 spsk avocadoolie
- 1 spsk koriander, hakket
- 1 tsk sød paprika

Instruktioner:
1. Varm en pande op med olie ved middel varme, tilsæt løget, rør rundt og steg i 5 minutter.
2. Tilsæt ris, kapers og andre ingredienser, rør rundt, bring i kog og kog i 15 minutter.
3. Fordel blandingen mellem tallerkener og server som tilbehør.

Ernæring: Kalorier 189, Fedt 0,9, Fiber 1,6, Kulhydrater 40,2, Protein 4,3

En blanding af spinat og kål

Forberedelsestid: 5 minutter
Tilberedningstid: 15 minutter
Portioner: 4

Ingredienser:
- 2 kopper babyspinat
- 5 dl kål, hakket
- 2 hakkede skalotteløg
- 2 fed hvidløg, hakket
- 1 kop usaltede dåsetomater, hakket
- 1 spsk olivenolie

Instruktioner:
1. Varm en pande op med olivenolie ved middel varme, tilsæt skalotteløg, rør rundt og steg i 5 minutter.
2. Tilsæt spinat, grønkål og øvrige ingredienser, rør rundt, lad koge i yderligere 10 minutter, fordel mellem tallerkener og server som side.

Ernæring: Kalorier 89, Fedt 3,7, Fiber 2,2, Kulhydrater 12,4, Protein 3,6

Blandet rejer og ananas

Forberedelsestid: 10 minutter
Tilberedningstid: 10 minutter
Portioner: 4

Ingredienser:
- 1 spsk olivenolie
- 1 pund rejer, pillet og deveiret
- 1 dl skrællet og hakket ananas
- 1 citronsaft
- En kvist persille, hakket

Instruktioner:
1. Varm en pande op med olie over middel varme, tilsæt rejerne og steg i 3 minutter på hver side.
2. Tilsæt resten af ingredienserne, kog i yderligere 4 minutter, del i skåle og server.

Ernæring: Kalorier 254, Fedt 13,3, Fiber 6, Kulhydrater 14,9, Protein 11

Laks og grønne oliven

Forberedelsestid: 10 minutter
Tilberedningstid: 20 minutter
Portioner: 4

Ingredienser:
- 1 gult løg, hakket
- 1 kop grønne oliven, udstenede og halveret
- 1 tsk chilipulver
- sort peber efter smag
- 2 spsk olivenolie
- ¼ kop grøntsagsbouillon med lavt natriumindhold
- 4 skindfri, benfri laksefileter
- 2 spsk hvidløg, hakket

Instruktioner:
1. Varm en pande op med olie ved middel varme, tilsæt løg og steg i 3 minutter.
2. Tilsæt laksen og steg i 5 minutter på hver side. Tilsæt resten af ingredienserne, kog i yderligere 5 minutter, fordel mellem tallerkenerne og server.

Ernæring: Kalorier 221, Fedt 12,1, Fiber 5,4, Kulhydrater 8,5, Protein 11,2

laks og fennikel

Forberedelsestid: 5 minutter
Tilberedningstid: 15 minutter
Portioner: 4

Ingredienser:
- 4 mellemstore laksefileter, uden skind og ben
- 1 fennikelløg, hakket
- ½ dl grøntsagsbouillon med lavt natriumindhold
- 2 spsk olivenolie
- sort peber efter smag
- ¼ kop grøntsagsbouillon med lavt natriumindhold
- 1 spsk citronsaft
- 1 spsk koriander, hakket

Instruktioner:
1. Varm en pande op med olivenolie ved middel varme, tilsæt fennikel og steg i 3 minutter.
2. Tilsæt fisken og steg i 4 minutter på hver side.
3. Tilsæt resten af ingredienserne, kog i yderligere 4 minutter, fordel mellem tallerkener og server.

Ernæring: Kalorier 252, Fedt 9,3, Fiber 4,2, Kulhydrater 12,3, Protein 9

torsk og asparges

Forberedelsestid: 10 minutter
Tilberedningstid: 14 minutter
Portioner: 4

Ingredienser:
- 1 spsk olivenolie
- 1 rødløg, hakket
- 1 pund torskefileter, udbenet
- 1 bundt asparges, skåret
- sort peber efter smag
- 1 dl kokosfløde
- 1 spsk hvidløg, hakket

Instruktioner:
1. Varm en pande op med olivenolie ved middel varme, tilsæt løg og torsk og brun i 3 minutter på hver side.
2. Tilsæt resten af ingredienserne, kog i yderligere 8 minutter, fordel mellem tallerkenerne og server.

Ernæring: Kalorier 254, Fedt 12,1, Fiber 5,4, Kulhydrater 4,2, Protein 13,5

Krydrede rejer

Forberedelsestid: 5 minutter
Tilberedningstid: 8 minutter
Portioner: 4

Ingredienser:
- 1 tsk hvidløgspulver
- 1 tsk røget paprika
- 1 tsk spidskommen, stødt
- 1 tsk stødt allehånde
- 2 spsk olivenolie
- 2 pund rejer, pillede og deveirede
- 1 spsk hvidløg, hakket

Instruktioner:
1. Varm en pande op med olivenolie ved middel varme, tilsæt rejer, porrer og øvrige ingredienser, steg 4 minutter på hver side, del i skåle og server.

Ernæring: Kalorier 212, Fedt 9,6, Fiber 5,3, Kulhydrater 12,7, Protein 15,4

havaborre og tomat

Forberedelsestid: 10 minutter
Tilberedningstid: 30 minutter
Portioner: 4

Ingredienser:
- 2 spsk olivenolie
- 2 pund hudfri, benfri havaborrefileter
- sort peber efter smag
- 2 dl cherrytomater, halveret
- 1 spsk hvidløg, hakket
- 1 spsk citronskal, revet
- ¼ kop citronsaft

Instruktioner:
1. Smør en bradepande med olie og kom fisken heri.
2. Tilsæt tomater og andre ingredienser, sæt gryden i ovnen og bag ved 380 grader F i 30 minutter.
3. Fordel det hele mellem tallerkenerne og server.

Ernæring: Kalorier 272, Fedt 6,9, Fiber 6,2, Kulhydrater 18,4, Protein 9

rejer og bønner

Forberedelsestid: 10 minutter
Tilberedningstid: 12 minutter
Portioner: 4

Ingredienser:
- 1 pund rejer, pillet og deveiret
- 1 spsk olivenolie
- saft af 1 lime
- 1 kop dåse sorte bønner, usaltede, drænet
- 1 hakket skalotteløg
- 1 spsk oregano, hakket
- 2 fed hvidløg, hakket
- sort peber efter smag

Instruktioner:
1. Varm en pande op med olivenolie ved middel varme, tilsæt skalotteløg og hvidløg, rør rundt og steg i 3 minutter.
2. Tilsæt rejerne og steg i 2 minutter på hver side.
3. Tilsæt bønner og øvrige ingredienser, kog ved middel varme i yderligere 5 minutter, del i skåle og server.

Ernæring: kalorier 253, fedt 11,6, fibre 6, kulhydrater 14,5, protein 13,5

Rejer og peberrod blanding

Forberedelsestid: 5 minutter
Tilberedningstid: 8 minutter
Portioner: 4

Ingredienser:
- 1 pund rejer, pillet og deveiret
- 2 hakkede skalotteløg
- 1 spsk olivenolie
- 1 spsk hvidløg, hakket
- 2 tsk tilberedt peberrod
- ¼ kop kokosfløde
- sort peber efter smag

Instruktioner:
4 Varm en pande op med olivenolie ved middel varme, tilsæt skalotteløg og peberrod, rør rundt og steg i 2 minutter.
5 Tilsæt rejer og andre ingredienser, rør rundt, kog i yderligere 6 minutter, fordel mellem tallerkenerne og server.

Ernæring: Kalorier 233, Fedt 6, Fiber 5, Kulhydrater 11,9, Protein 5,4

Rejer og estragon salat

Forberedelsestid: 4 minutter
Tilberedningstid: 0 minutter
Portioner: 4

Ingredienser:
- 1 pund rejer, kogt, pillet og udvundet
- 1 spsk estragon, hakket
- 1 spsk kapers, drænet
- 2 spsk olivenolie
- sort peber efter smag
- 2 kopper babyspinat
- 1 spsk balsamicoeddike
- 1 lille rødløg, hakket
- 2 spsk citronsaft

Instruktioner:
4 Kombiner rejerne med estragon og andre ingredienser i en skål, rør rundt og server.

Ernæring: Kalorier 258, Fedt 12,4, Fiber 6, Kulhydrater 6,7, Protein 13,3

torsk parmigiana

Forberedelsestid: 10 minutter
Tilberedningstid: 20 minutter
Portioner: 4

Ingredienser:
- 4 udbenede torskefileter
- ½ kop fedtfattig parmesan, revet
- 3 fed hvidløg, hakket
- 1 spsk olivenolie
- 1 spsk citronsaft
- ½ kop spidskål, hakket

Instruktioner:
1. Varm en stegepande op med olivenolie ved middel varme, tilsæt hvidløg og purløg, bland og steg i 5 minutter.
2. Tilsæt fisken og steg i 4 minutter på hver side.
3. Hæld citronsaften over, drys med parmesan, lad koge i yderligere 2 minutter, del i tallerkener og server.

Ernæring: Kalorier 275, Fedt 22,1, Fiber 5, Kulhydrater 18,2, Protein 12

Blandet tilapia og rødløg

Forberedelsestid: 10 minutter
Tilberedningstid: 15 minutter
Portioner: 4

Ingredienser:
- 4 udbenede tilapiafileter
- 2 spsk olivenolie
- 1 spsk citronsaft
- 2 tsk citronskal, revet
- 2 rødløg, hakket groft
- 3 spsk hvidløg, hakket

Instruktioner:
1. Varm en pande op med olivenolie ved middel varme, tilsæt løg, citronskal og saft, rør rundt og steg i 5 minutter.
2. Tilsæt fisk og purløg, steg 5 minutter på hver side, fordel mellem tallerkener og server.

Ernæring: Kalorier 254, Fedt 18,2, Fiber 5,4, Kulhydrater 11,7, Protein 4,5

ørred salat

Forberedelsestid: 6 minutter
Tilberedningstid: 0 minutter
Portioner: 4

Ingredienser:
- 4 ounce røget ørred, uden skind, udbenet og i tern
- 1 spsk citronsaft
- 1/3 kop fedtfattig yoghurt
- 2 avocadoer, skrællet, udstenet og hakket
- 3 spsk hvidløg, hakket
- sort peber efter smag
- 1 spsk olivenolie

Instruktioner:
1. I en skål kombineres ørreden med avocadoen og andre ingredienser, blandes og serveres.

Ernæring: Kalorier 244, Fedt 9,45, Fiber 5,6, Kulhydrater 8,5, Protein 15

balsamørred

Forberedelsestid: 5 minutter
Tilberedningstid: 15 minutter
Portioner: 4

Ingredienser:
- 3 spsk balsamicoeddike
- 2 spsk olivenolie
- 4 udbenede ørredfileter
- 3 spsk finthakket persille
- 2 fed hvidløg, hakket

Instruktioner:
1. Varm en pande op med olie ved middel varme, tilsæt ørrederne og brun i 6 minutter på hver side.
2. Tilsæt resten af ingredienserne, kog i yderligere 3 minutter, fordel i tallerkener og server med en salat.

Ernæring: Kalorier 314, Fedt 14,3, Fiber 8,2, Kulhydrater 14,8, Protein 11,2

persille persille

Forberedelsestid: 5 minutter
Tilberedningstid: 12 minutter
Portioner: 4

Ingredienser:
- 2 hakket purløg
- 2 teskefulde citronsaft
- 1 spsk hvidløg, hakket
- 1 spsk olivenolie
- 4 udbenede laksefileter
- sort peber efter smag
- 2 spsk persille, hakket

Instruktioner:
1. Varm en pande op med olivenolie ved middel varme, tilsæt løget, rør rundt og steg i 2 minutter.
2. Tilsæt laks og øvrige ingredienser, steg i 5 minutter på hver side, fordel mellem tallerkener og server.

Ernæring: Kalorier 290, Fedt 14,4, Fiber 5,6, Kulhydrater 15,6, Protein 9,5

Ørred og grøntsagssalat

Forberedelsestid: 5 minutter
Tilberedningstid: 0 minutter
Portioner: 4

Ingredienser:
- 2 spsk olivenolie
- ½ kop kalamata oliven, udstenede og udstenede
- sort peber efter smag
- 1 pund røget ørred, udbenet, uden skind og i tern
- ½ tsk citronskal, revet
- 1 spsk citronsaft
- 1 kop cherrytomater, halveret
- ½ rødløg, skåret i skiver
- 2 kopper baby rucola

Instruktioner:
1. Bland den røgede ørred med oliven, sort peber og øvrige ingredienser i en skål, bland og server.

Ernæring: Kalorier 282, Fedt 13,4, Fiber 5,3, Kulhydrater 11,6, Protein 5,6

safran laks

Forberedelsestid: 10 minutter
Tilberedningstid: 12 minutter
Portioner: 4

Ingredienser:
- sort peber efter smag
- ½ tsk sød paprika
- 4 udbenede laksefileter
- 3 spiseskefulde olivenolie
- 1 gult løg, hakket
- 2 fed hvidløg, hakket
- ¼ tsk gurkemejepulver

Instruktioner:
1. Varm en pande op med olivenolie ved middel varme, tilsæt løg og hvidløg, bland og steg i 2 minutter.
2. Tilsæt laks og øvrige ingredienser, steg i 5 minutter på hver side, fordel mellem tallerkener og server.

Ernæring: Kalorier 339, Fedt 21,6, Fiber 0,7, Kulhydrater 3,2, Protein 35

Rejer og vandmelon salat

Forberedelsestid: 10 minutter
Tilberedningstid: 0 minutter
Portioner: 4

Ingredienser:
- ¼ kop basilikum, hakket
- 2 dl vandmelon, skrællet og skåret i tern
- 2 skeer balsamicoeddike
- 2 spsk olivenolie
- 1 pund rejer, pillet, renset og kogt
- sort peber efter smag
- 1 spsk persille, hakket

Instruktioner:
1. I en skål kombineres rejerne med vandmelon og andre ingredienser, blandes og serveres.

Ernæring: Kalorier 220, Fedt 9, Fiber 0,4, Kulhydrater 7,6, Protein 26,4

Oregano og Quinoa rejesalat

Forberedelsestid: 5 minutter
Tilberedningstid: 8 minutter
Portioner: 4

Ingredienser:
- 1 pund rejer, pillet og deveiret
- 1 kop quinoa, kogt
- sort peber efter smag
- 1 spsk olivenolie
- 1 spsk oregano, hakket
- 1 rødløg, hakket
- 1 citronsaft

Instruktioner:
1. Varm en pande op med olivenolie ved middel varme, tilsæt løget, rør rundt og steg i 2 minutter.
2. Tilsæt rejerne, rør rundt og kog i 5 minutter.
3. Tilsæt resten af ingredienserne, bland, del det hele i skåle og server.

Ernæring: Kalorier 336, Fedt 8,2, Fiber 4,1, Kulhydrater 32,3, Protein 32,3

Salatkrabbe

Forberedelsestid: 10 minutter
Tilberedningstid: 0 minutter
Portioner: 4

Ingredienser:
- 1 spsk olivenolie
- 2 dl krabbekød
- sort peber efter smag
- 1 kop cherrytomater, halveret
- 1 hakket skalotteløg
- 1 spsk citronsaft
- 1/3 kop koriander, hakket

Instruktioner:
1. I en skål kombineres krabberne med tomaterne og andre ingredienser, blandes og serveres.

Ernæring: Kalorier 54, Fedt 3,9, Fiber 0,6, Kulhydrater 2,6, Protein 2,3

balsamico-muslinger

Forberedelsestid: 4 minutter
Tilberedningstid: 6 minutter
Portioner: 4

Ingredienser:
- 12 ounce kammuslinger
- 2 spsk olivenolie
- 2 fed hvidløg, hakket
- 1 spsk balsamicoeddike
- 1 dl purløg, hakket
- 2 spsk koriander, hakket

Instruktioner:
1. Varm en pande op med olivenolie ved middel varme, tilsæt løg og hvidløg og steg i 2 minutter.
2. Tilsæt kammuslingerne og de øvrige ingredienser, steg 2 minutter på hver side, fordel mellem tallerkenerne og server.

Ernæring: Kalorier 146, Fedt 7,7, Fiber 0,7, Kulhydrater 4,4, Protein 14,8

Cremet sålblanding

Forberedelsestid: 10 minutter
Tilberedningstid: 20 minutter
Portioner: 4

Ingredienser:
- 2 spsk olivenolie
- 1 rødløg, hakket
- sort peber efter smag
- ½ dl grøntsagsbouillon med lavt natriumindhold
- 4 udbenede sålefileter
- ½ kop kokosfløde
- 1 spsk dild, hakket

Instruktioner:
1. Varm en pande op med olie ved middel varme, tilsæt løget, rør rundt og steg i 5 minutter.
2. Tilsæt fisken og steg i 4 minutter på hver side.
3. Tilsæt resten af ingredienserne, kog i yderligere 7 minutter, fordel mellem tallerkener og server.

Ernæring: Kalorier 232, Fedt 12,3, Fiber 4, Kulhydrater 8,7, Protein 12

Krydret laks og mango blanding

Forberedelsestid: 5 minutter
Tilberedningstid: 0 minutter
Portioner: 4

Ingredienser:
- 1 pund røget laks, udbenet, uden skind og i flager
- sort peber efter smag
- 1 rødløg, hakket
- 1 mango, skrællet, udkernet og hakket
- 2 jalapenopeberfrugter, hakket
- ¼ kop persille, hakket
- 3 spsk limesaft
- 1 spsk olivenolie

Instruktioner:
2. Kom laksen sammen med sort peber og andre ingredienser i en skål, bland og server.

Ernæring: Kalorier 323, Fedt 14,2, Fiber 4, Kulhydrater 8,5, Protein 20,4

Dild Rejeblanding

Forberedelsestid: 5 minutter
Tilberedningstid: 0 minutter
Portioner: 4

Ingredienser:
- 2 teskefulde citronsaft
- 1 spsk olivenolie
- 1 spsk dild, hakket
- 1 pund rejer, kogt, pillet og udvundet
- sort peber efter smag
- 1 dl radiser i tern

Instruktioner:
1. Kom rejerne med citronsaft og andre ingredienser i en skål, rør rundt og server.

Ernæring: Kalorier 292, Fedt 13, Fiber 4,4, Kulhydrater 8, Protein 16,4

Laksepaté

Forberedelsestid: 4 minutter
Tilberedningstid: 0 minutter
Portioner: 6

Ingredienser:
- 6 ounce røget laks, udbenet, uden skind og strimlet
- 2 spiseskefulde fedtfattig yoghurt
- 3 teskefulde citronsaft
- 2 hakket purløg
- 8 ounce fedtfattig flødeost
- ¼ kop koriander, hakket

Instruktioner:
1. Bland laksen med yoghurt og øvrige ingredienser i en skål, pisk og server koldt.

Ernæring: Kalorier 272, Fedt 15,2, Fiber 4,3, Kulhydrater 16,8, Protein 9,9

artiskok rejer

Forberedelsestid: 4 minutter
Tilberedningstid: 8 minutter
Portioner: 4

Ingredienser:
- 2 grønne løg, hakket
- 1 kop usaltede artiskokker på dåse, drænet og delt i kvarte
- 2 spsk koriander, hakket
- 1 pund rejer, pillet og deveiret
- 1 kop cherrytomater i tern
- 1 spsk olivenolie
- 1 spsk balsamicoeddike
- En knivspids salt og sort peber

Instruktioner:
1. Varm en pande op med olivenolie ved middel varme, tilsæt løg og artiskokker, rør rundt og brun i 2 minutter.
2. Tilsæt rejerne, rør rundt og kog ved middel varme i 6 minutter.
3. Fordel det hele i skåle og server.

Ernæring: kalorier 260, fedt 8,23, fibre 3,8, kulhydrater 14,3, protein 12,4

Rejer med citronsauce

Forberedelsestid: 5 minutter
Tilberedningstid: 8 minutter
Portioner: 4

Ingredienser:
- 1 pund rejer, pillet og deveiret
- 2 spsk olivenolie
- 1 citronskal, revet
- Saften af ½ citron
- 1 spsk hvidløg, hakket

Instruktioner:
1. Varm en pande op med olivenolie ved middel varme, tilsæt citronskal, citronsaft og koriander, rør rundt og kog i 2 minutter.
2. Tilsæt rejerne, kog i yderligere 6 minutter, fordel mellem tallerkener og server.

Ernæring: Kalorier 195, Fedt 8,9, Fiber 0, Kulhydrater 1,8, Protein 25,9

En blanding af tun og appelsin

Forberedelsestid: 5 minutter
Tilberedningstid: 12 minutter
Portioner: 4

Ingredienser:
- 4 udbenede tunfileter
- sort peber efter smag
- 2 spsk olivenolie
- 2 hakkede skalotteløg
- 3 spiseskefulde appelsinjuice
- 1 appelsin, skrællet og skåret i skiver
- 1 spsk oregano, hakket

Instruktioner:
1. Varm en pande op med olivenolie ved middel varme, tilsæt skalotteløg, rør rundt og steg i 2 minutter.
2. Tilsæt tun og øvrige ingredienser, kog i yderligere 10 minutter, fordel mellem tallerkener og server.

Ernæring: Kalorier 457, Fedt 38,2, Fiber 1,6, Kulhydrater 8,2, Protein 21,8

lakse karry

Forberedelsestid: 10 minutter
Tilberedningstid: 20 minutter
Portioner: 4

Ingredienser:
- 1 pund laksefilet, udbenet og skåret i tern
- 3 spsk rød karrypasta
- 1 rødløg, hakket
- 1 tsk sød paprika
- 1 dl kokosfløde
- 1 spsk olivenolie
- sort peber efter smag
- ½ kop lavnatrium kyllingebouillon
- 3 spsk basilikum, hakket

Instruktioner:
1. Varm en pande op med olivenolie ved middel varme, tilsæt løg, paprika og karrypasta, bland og steg i 5 minutter.
2. Tilsæt laks og øvrige ingredienser, bland forsigtigt, kog ved middel varme i 15 minutter, del i skåle og server.

Ernæring: Kalorier 377, Fedt 28,3, Fiber 2,1, Kulhydrater 8,5, Protein 23,9

Laks og gulerodsblanding

Forberedelsestid: 10 minutter
Tilberedningstid: 15 minutter
Portioner: 4

Ingredienser:
- 4 udbenede laksefileter
- 1 rødløg, hakket
- 2 gulerødder, skåret i skiver
- 2 spsk olivenolie
- 2 skeer balsamicoeddike
- sort peber efter smag
- 2 spsk hvidløg, hakket
- ¼ kop grøntsagsbouillon med lavt natriumindhold

Instruktioner:
1. Varm en pande op med olivenolie ved middel varme, tilsæt løg og gulerod, rør rundt og steg i 5 minutter.
2. Vi tilføjer laksen og andre ingredienser, steger alt i yderligere 10 minutter, fordeler det på tallerkener og serverer.

Ernæring: Kalorier 322, Fedt 18, Fiber 1,4, Kulhydrater 6, Protein 35,2

Blandede rejer og pinjekerner

Forberedelsestid: 10 minutter
Tilberedningstid: 10 minutter
Portioner: 4

Ingredienser:
- 1 pund rejer, pillet og deveiret
- 2 skeer pinjekerner
- 1 spsk citronsaft
- 2 spsk olivenolie
- 3 fed hvidløg, hakket
- sort peber efter smag
- 1 spsk timian, hakket
- 2 spsk purløg, finthakket

Instruktioner:
1. Varm en pande med olivenolie op over middel varme, tilsæt hvidløg, timian, pinjekerner og limesaft, rør rundt og steg i 3 minutter.
2. Tilsæt rejer, sort peber og purløg, rør rundt, kog i yderligere 7 minutter, fordel mellem tallerkener og server.

Ernæring: Kalorier 290, Fedt 13, Fiber 4,5, Kulhydrater 13,9, Protein 10

Torsk med peberfrugt og grønne bønner

Forberedelsestid: 10 minutter
Tilberedningstid: 14 minutter
Portioner: 4

Ingredienser:
- 4 udbenede torskefileter
- ½ pund grønne bønner, trimmet og halveret
- 1 spsk citronsaft
- 1 spsk citronskal, revet
- 1 gult løg, hakket
- 2 spsk olivenolie
- 1 tsk spidskommen, stødt
- 1 tsk chilipulver
- ½ dl grøntsagsbouillon med lavt natriumindhold
- En knivspids salt og sort peber

Instruktioner:
1. Varm en pande med olie op over middel varme, tilsæt løget, rør rundt og steg i 2 minutter.
2. Tilsæt fisken og steg i 3 minutter på hver side.
3. Tilsæt de grønne bønner og andre ingredienser, bland forsigtigt, kog i yderligere 7 minutter, fordel mellem tallerkenerne og server.

Ernæring: Kalorier 220, Fedt 13, Kulhydrater 14,3, Fiber 2,3, Protein 12

hvidløgsmuslinger

Forberedelsestid: 5 minutter
Tilberedningstid: 8 minutter
Portioner: 4

Ingredienser:
- 12 kammuslinger
- 1 rødløg, skåret i skiver
- 2 spsk olivenolie
- ½ tsk hvidløg, hakket
- 2 spsk citronsaft
- sort peber efter smag
- 1 tsk balsamicoeddike

Instruktioner:
1. Varm en pande op med olivenolie ved middel varme, tilsæt løg og hvidløg og steg i 2 minutter.
2. Tilsæt kammuslingerne og øvrige ingredienser, kog ved middel varme i yderligere 6 minutter, fordel mellem tallerkenerne og server varm.

Ernæring: Kalorier 259, Fedt 8, Fiber 3, Kulhydrater 5,7, Protein 7

Cremet havbarsblanding

Forberedelsestid: 10 minutter
Tilberedningstid: 14 minutter
Portioner: 4

Ingredienser:
- 4 udbenede havaborrefileter
- 1 dl kokosfløde
- 1 gult løg, hakket
- 1 spsk citronsaft
- 2 spsk avocadoolie
- 1 spsk persille, hakket
- En knivspids sort peber

Instruktioner:
1. Varm en pande op med olivenolie ved middel varme, tilsæt løg, bland og steg i 2 minutter.
2. Tilsæt fisken og steg i 4 minutter på hver side.
3. Tilsæt resten af ingredienserne, kog i yderligere 4 minutter, fordel mellem tallerkener og server.

Ernæring: Kalorier 283, Fedt 12,3, Fiber 5, Kulhydrater 12,5, Protein 8

En blanding af havbars og svampe

Forberedelsestid: 10 minutter
Tilberedningstid: 13 minutter
Portioner: 4

Ingredienser:
- 4 udbenede havaborrefileter
- 2 spsk olivenolie
- sort peber efter smag
- ½ kop skivede hvide svampe
- 1 rødløg, hakket
- 2 skeer balsamicoeddike
- 3 spsk koriander, hakket

Instruktioner:
1. Varm en pande op med olivenolie over middel varme, tilsæt løg og svampe, rør rundt og steg i 5 minutter.
2. Tilsæt fisk og øvrige ingredienser, steg i 4 minutter på hver side, fordel mellem tallerkener og server.

Ernæring: kalorier 280, fedt 12,3, fibre 8, kulhydrater 13,6, protein 14,3

laksesuppe

Forberedelsestid: 5 minutter
Tilberedningstid: 20 minutter
Portioner: 4

Ingredienser:
- 1 pund laksefileter, udbenet, uden skind og i tern
- 1 dl gult løg, hakket
- 2 spsk olivenolie
- sort peber efter smag
- 2 dl grøntsagsbouillon med lavt natriumindhold
- 1 og ½ dl hakkede tomater
- 1 spsk basilikum, hakket

Instruktioner:
1. Varm en pande op med olivenolie ved middel varme, tilsæt løget, rør rundt og steg i 5 minutter.
2. Tilsæt laks og øvrige ingredienser, bring det i kog og kog ved middel varme i 15 minutter.
3. Fordel suppen mellem skåle og server.

Ernæring: Kalorier 250, Fedt 12,2, Fiber 5, Kulhydrater 8,5, Protein 7

Muskatnød med rejer

Forberedelsestid: 3 minutter
Tilberedningstid: 6 minutter
Portioner: 4

Ingredienser:
- 1 pund rejer, pillet og deveiret
- 2 spsk olivenolie
- 1 spsk citronsaft
- 1 spsk muskatnød, stødt
- sort peber efter smag
- 1 spsk koriander, hakket

Instruktioner:
1. Varm en pande op med olie ved middel varme, tilsæt rejer, citronsaft og øvrige ingredienser, rør rundt, kog i 6 minutter, del i skåle og server.

Ernæring: Kalorier 205, Fedt 9,6, Fiber 0,4, Kulhydrater 2,7, Protein 26

Blandede rejer og røde frugter

Forberedelsestid: 4 minutter
Tilberedningstid: 6 minutter
Portioner: 4

Ingredienser:
- 1 pund rejer, pillet og deveiret
- ½ kop tomat, i tern
- 2 spsk olivenolie
- 1 spsk balsamicoeddike
- ½ kop snittede jordbær
- sort peber efter smag

Instruktioner:
1. Varm en pande med olie op over middel varme, tilsæt rejerne, rør rundt og kog i 3 minutter.
2. Tilsæt resten af ingredienserne, rør rundt, kog i yderligere 3-4 minutter, del i skåle og server.

Ernæring: Kalorier 205, Fedt 9, Fiber 0,6, Kulhydrater 4, Protein 26,2

bagt citronørred

Forberedelsestid: 10 minutter
Tilberedningstid: 30 minutter
Portioner: 4

Ingredienser:
- 4 ørreder
- 1 spsk citronskal, revet
- 2 spsk olivenolie
- 2 spsk citronsaft
- En knivspids sort peber
- 2 spsk koriander, hakket

Instruktioner:
1. I en bageform blandes fisken med citronskal og andre ingredienser og gnides.
2. Bages ved 370 grader F i 30 minutter, del mellem pladerne og server.

Ernæring: Kalorier 264, Fedt 12,3, Fiber 5, Kulhydrater 7, Protein 11

Pilgrimme med purløg

Forberedelsestid: 3 minutter
Tilberedningstid: 4 minutter
Portioner: 4

Ingredienser:
- 12 kammuslinger
- 2 spsk olivenolie
- sort peber efter smag
- 2 spsk hvidløg, hakket
- 1 spsk sød paprika

Instruktioner:
1. Varm en stegepande op med olivenolie ved middel varme, tilsæt kammuslinger, peberfrugt og resten af ingredienserne og steg 2 minutter på hver side.
2. Fordel mellem tallerkener og server med en salat.

Ernæring: Kalorier 215, Fedt 6, Fiber 5, Kulhydrater 4,5, Protein 11

tun koteletter

Forberedelsestid: 10 minutter
Tilberedningstid: 30 minutter
Portioner: 4

Ingredienser:
- 2 spsk olivenolie
- 1 pund tun, flået, udbenet og hakket
- 1 gult løg, hakket
- ¼ kop hvidløg, hakket
- 1 æg, pisket
- 1 spsk kokosmel
- En knivspids salt og sort peber

Instruktioner:
1. I en skål blandes tunen med løget og andre ingredienser, undtagen olien, blandes godt og dannes mellemstore frikadeller med denne blanding.
2. Arranger frikadellerne på en bageplade, pensl med olie, bag ved 350 grader F, bag i 30 minutter, del mellem pladerne og server.

Ernæring: kalorier 291, fedt 14,3, fiber 5, kulhydrater 12,4, protein 11

laksepande

Forberedelsestid: 10 minutter
Tilberedningstid: 12 minutter
Portioner: 4

Ingredienser:
- 4 laksefileter, udbenet og groft hakket
- 2 spsk olivenolie
- 1 rød peberfrugt, skåret i strimler
- 1 zucchini, groft hakket
- 1 aubergine, groft hakket
- 1 spsk citronsaft
- 1 spsk dild, hakket
- ¼ kop grøntsagsbouillon med lavt natriumindhold
- 1 tsk hvidløgspulver
- En knivspids sort peber

Instruktioner:
1. Varm en stegepande op med olie ved middel varme, tilsæt peber, zucchini og aubergine, rør rundt og steg i 3 minutter.
2. Tilsæt laks og øvrige ingredienser, bland forsigtigt, kog i yderligere 9 minutter, fordel mellem tallerkener og server.

Ernæring: Kalorier 348, Fedt 18,4, Fiber 5,3, Kulhydrater 11,9, Protein 36,9

senneps torskeblanding

Forberedelsestid: 10 minutter
Tilberedningstid: 25 minutter
Portioner: 4

Ingredienser:
- 4 skind- og benfri torskefileter
- En knivspids sort peber
- 1 tsk ingefær, revet
- 1 spsk sennep
- 2 spsk olivenolie
- 1 tsk timian, tørret
- ¼ tsk spidskommen, stødt
- 1 tsk gurkemejepulver
- ¼ kop koriander, hakket
- 1 dl grøntsagsbouillon med lavt natriumindhold
- 3 fed hvidløg, hakket

Instruktioner:
1. Kombiner torsk med sort peber, ingefær og andre ingredienser i en gryde, bland forsigtigt og kog ved 380 grader F i 25 minutter.
2. Fordel blandingen mellem tallerkener og server.

Ernæring: Kalorier 176, Fedt 9, Fiber 1, Kulhydrater 3,7, Protein 21,2

Blandede rejer og asparges

Forberedelsestid: 10 minutter
Tilberedningstid: 14 minutter
Portioner: 4

Ingredienser:
- 1 bundt asparges, halveret
- 1 pund rejer, pillet og deveiret
- sort peber efter smag
- 2 spsk olivenolie
- 1 rødløg, hakket
- 2 fed hvidløg, hakket
- 1 dl kokosfløde

Instruktioner:
1. Varm en stegepande op med olivenolie ved middel varme, tilsæt løg, hvidløg og asparges, rør rundt og steg i 4 minutter.
2. Tilsæt rejer og øvrige ingredienser, rør rundt, kog ved middel varme i 10 minutter, del det hele i skåle og server.

Ernæring: Kalorier 225, Fedt 6, Fiber 3,4, Kulhydrater 8,6, Protein 8

torsk og ærter

Forberedelsestid: 10 minutter
Tilberedningstid: 20 minutter
Portioner: 4

Ingredienser:
- 1 gult løg, hakket
- 2 spsk olivenolie
- ½ kop lavnatrium kyllingebouillon
- 4 torskefileter, udbenet, uden skind
- sort peber efter smag
- 1 kop ærter

Instruktioner:
1. Varm en stegepande op med olivenolie ved middel varme, tilsæt løget, rør rundt og steg i 4 minutter.
2. Tilsæt fisken og steg i 3 minutter på hver side.
3. Tilsæt ærter og øvrige ingredienser, lad koge i yderligere 10 minutter, del i tallerkener og server.

Ernæring: Kalorier 240, Fedt 8,4, Fiber 2,7, Kulhydrater 7,6, Protein 14

Reje- og muslingeskåle

Forberedelsestid: 5 minutter
Tilberedningstid: 12 minutter
Portioner: 4

Ingredienser:
- 1 pund muslinger, afskallede
- ½ kop lavnatrium kyllingebouillon
- 1 pund rejer, pillet og deveiret
- 2 hakkede skalotteløg
- 1 kop cherrytomater i tern
- 2 fed hvidløg, hakket
- 1 spsk olivenolie
- 1 citronsaft

Instruktioner:
1. Varm olien op i en stegepande ved middel varme, tilsæt løg og hvidløg og steg i 2 minutter.
2. Tilsæt rejer, muslinger og andre ingredienser, kog ved middel varme i 10 minutter, del i skåle og server.

Ernæring: Kalorier 240, Fedt 4,9, Fiber 2,4, Kulhydrater 11,6, Protein 8

Myntecreme

Installationstid: 2 timer og 4 minutter

Tilberedningstid: 0 minutter
Portioner: 4

Ingredienser:
- 4 kopper fedtfattig yoghurt
- 1 dl kokosfløde
- 3 spiseskefulde stevia
- 2 tsk citronskal, revet
- 1 spsk mynte, hakket

Instruktioner:
1. Bland cremen med yoghurten og øvrige ingredienser i en røremaskine, pisk godt, del i små kopper og stil på køl i 2 timer inden servering.

Ernæring: Kalorier 512, Fedt 14,3, Fiber 1,5, Kulhydrater 83,6, Protein 12,1

hindbærbudding

Forberedelsestid: 10 minutter
Tilberedningstid: 24 min
Portioner: 4

Ingredienser:
- 1 kop hindbær
- 2 teskefulde kokossukker
- 3 æg, pisket
- 1 spsk avocadoolie
- ½ kop mandelmælk
- ½ kop kokosmel
- ¼ kop fedtfattig yoghurt

Instruktioner:
1. I en skål kombineres hindbærrene med sukkeret og de øvrige ingredienser, undtagen madlavningssprayen, og piskes godt.
2. Beklæd en buddingform med madlavningsspray, hæld hindbærblandingen i, fordel, bag ved 400 grader F i 24 minutter, fordel mellem desserttallerkener og server.

Ernæring: Kalorier 215, Fedt 11,3, Fiber 3,4, Kulhydrater 21,3, Protein 6,7

mandelstænger

Forberedelsestid: 10 minutter
Tilberedningstid: 30 minutter
Portioner: 4

Ingredienser:
- 1 kop mandler, hakkede
- 2 æg, pisket
- ½ kop mandelmælk
- 1 tsk vaniljeekstrakt
- 2/3 kop kokossukker
- 2 dl fuldkornsmel
- 1 tsk bagepulver
- Madlavningsspray

Instruktioner:
1. I en skål kombineres mandlerne med æggene og de øvrige ingredienser undtagen madlavningssprayen og blandes godt.
2. Hæld i en firkantet pande smurt med madlavningsspray, fordel godt, bag i 30 minutter, lad afkøle, skær i stænger og server.

Ernæring: kalorier 463, fedt 22,5, fibre 11, kulhydrater 54,4, protein 16,9

ristet ferskenblanding

Forberedelsestid: 10 minutter
Tilberedningstid: 30 minutter
Portioner: 4

Ingredienser:
- 4 ferskner, udstenede og halveret
- 1 skefuld kokossukker
- 1 tsk vaniljeekstrakt
- ¼ tsk stødt kanel
- 1 spsk avocadoolie

Instruktioner:
1. Kombiner ferskerne med sukker og andre ingredienser i en bageform, bag ved 375 grader F i 30 minutter, lad afkøle og server.

Ernæring:kalorier 91, fedt 0,8, fibre 2,5, kulhydrater 19,2, protein 1,7

Valnøddekage

Forberedelsestid: 10 minutter
Tilberedningstid: 25 minutter
Portioner: 8

Ingredienser:
- 3 kopper mandelmel
- 1 dl kokossukker
- 1 skefuld vaniljeekstrakt
- ½ kop valnødder, hakkede
- 2 teskefulde bagepulver
- 2 kopper kokosmælk
- ½ kop kokosolie, smeltet

Instruktioner:
1. Bland mandelmel med sukker og andre ingredienser i en skål, pisk godt, hæld i formen, fordel, sæt i ovnen ved 370 grader F, bag i 25 minutter.
2. Lad kagen køle af, skær og server.

Ernæring: Kalorier 445, Fedt 10, Fiber 6,5, Kulhydrater 31,4, Protein 23,5

æbletærte

Forberedelsestid: 10 minutter
Tilberedningstid: 30 minutter
Portioner: 4

Ingredienser:
- 2 kopper mandelmel
- 1 tsk bagepulver
- 1 tsk bagepulver
- ½ tsk kanelpulver
- 2 skeer kokossukker
- 1 kop mandelmælk
- 2 grønne æbler, skrællet, udkernet og skåret i skiver
- Madlavningsspray

Instruktioner:
1. I en skål kombineres melet med bagepulver, æbler og andre ingredienser undtagen madlavningssprayen og piskes godt.
2. Hæld på en bageplade smurt med madlavningsspray, fordel jævnt, sæt i ovnen og bag ved 360 grader F i 30 minutter.
3. Afkøl kagen, skær og server.

Ernæring: kalorier 332, fedt 22,4, fibre 9l,6, kulhydrater 22,2, proteiner 12,3

kanel creme

Forberedelsestid: 2 timer
Tilberedningstid: 10 minutter
Portioner: 4

Ingredienser:
- 1 kop fedtfattig mandelmælk
- 1 dl kokosfløde
- 2 dl kokossukker
- 2 skeer kanelpulver
- 1 tsk vaniljeekstrakt

Instruktioner:
1. Varm gryden op med mandelmælken ved middel varme, tilsæt resten af ingredienserne, pisk og kog i yderligere 10 minutter.
2. Fordel blandingen i skåle, lad afkøle og stil på køl i 2 timer før servering.

Ernæring: Kalorier 254, Fedt 7,5, Fiber 5, Kulhydrater 16,4, Protein 9,5

Cremet jordbærblanding

Forberedelsestid: 10 minutter
Tilberedningstid: 0 minutter
Portioner: 4

Ingredienser:
- 1 tsk vaniljeekstrakt
- 2 dl hakkede jordbær
- 1 tsk kokossukker
- 8 ounce fedtfattig yoghurt

Instruktioner:
1. Bland jordbærene med vanilje og øvrige ingredienser i en skål, bland og server koldt.

Ernæring: Kalorier 343, Fedt 13,4, Fiber 6, Kulhydrater 15,43, Protein 5,5

Vanilje pecan brownies

Forberedelsestid: 10 minutter
Tilberedningstid: 25 minutter
Portioner: 8

Ingredienser:
- 1 kop valnødder, hakket
- 3 spsk kokossukker
- 2 skeer kakaopulver
- 3 æg, pisket
- ¼ kop kokosolie, smeltet
- ½ tsk bagepulver
- 2 teskefulde vaniljeekstrakt
- Madlavningsspray

Instruktioner:
1. I en foodprocessor kombineres nødderne med kokossukkeret og de øvrige ingredienser undtagen madlavningssprayen og blendes godt.
2. Spray en firkantet pande med madlavningsspray, hæld kageblandingen i, fordel den, sæt den i ovnen, bag den ved 350 grader F i 25 minutter, lad den køle af, skær den i skiver og server.

Ernæring: Kalorier 370, Fedt 14,3, Fiber 3, Kulhydrater 14,4, Protein 5,6

jordbærkage

Forberedelsestid: 10 minutter
Tilberedningstid: 25 minutter
Portioner: 6

Ingredienser:
- 2 dl fuldkornsmel
- 1 kop hakkede jordbær
- ½ tsk bagepulver
- ½ kop kokossukker
- ¾ kop kokosmælk
- ¼ kop kokosolie, smeltet
- 2 æg, pisket
- 1 tsk vaniljeekstrakt
- Madlavningsspray

Instruktioner:
1. I en skål blandes melet med jordbærene og de øvrige ingredienser undtagen colasprayen og piskes godt.
2. Beklæd en kageform med madlavningsspray, hæld kageblandingen i, fordel, bag ved 350 grader F i 25 minutter, lad afkøle, skær og server.

Ernæring: Kalorier 465, Fedt 22,1, Fiber 4, Kulhydrater 18,3, Protein 13,4

kakao budding

Forberedelsestid: 10 minutter
Tilberedningstid: 10 minutter
Portioner: 4

Ingredienser:
- 2 skeer kokossukker
- 3 spsk kokosmel
- 2 skeer kakaopulver
- 2 kopper mandelmælk
- 2 æg, pisket
- ½ tsk vaniljeekstrakt

Instruktioner:
1. Hæld mælken i en gryde, tilsæt kakao og andre ingredienser, pisk, kog ved medium varme i 10 minutter, hæld i små kopper og server afkølet.

Ernæring: Kalorier 385, Fedt 31,7, Fiber 5,7, Kulhydrater 21,6, Protein 7,3

Vanilje muskatnødcreme

Forberedelsestid: 10 minutter
Tilberedningstid: 0 minutter
Portioner: 6

Ingredienser:
- 3 kopper skummetmælk
- 1 tsk muskatnød, stødt
- 2 teskefulde vaniljeekstrakt
- 4 teskefulde kokossukker
- 1 kop valnødder, hakket

Instruktioner:
1. Bland mælken med muskatnød og øvrige ingredienser i en skål, pisk godt, del i glas og server afkølet.

Ernæring: kalorier 243, fedt 12,4, fibre 1,5, kulhydrater 21,1, protein 9,7

avocadocreme

Installationstid: 1 time og 10 minutter

Tilberedningstid: 0 minutter
Portioner: 4

Ingredienser:
- 2 kopper kokosfløde
- 2 avocadoer, pillede, udstenede og mosede
- 2 skeer kokossukker
- 1 tsk vaniljeekstrakt

Instruktioner:
1. Bland cremen med avocadoen og øvrige ingredienser i en blender, pisk godt, del i små kopper og stil på køl i 1 time inden servering.

Ernæring: Kalorier 532, Fedt 48,2, Fiber 9,4, Kulhydrater 24,9, Protein 5,2

hindbærcreme

Forberedelsestid: 10 minutter
Tilberedningstid: 25 minutter
Portioner: 4

Ingredienser:
- 2 spsk mandelmel
- 1 dl kokosfløde
- 3 kopper hindbær
- 1 dl kokossukker
- 8 ounce fedtfattig flødeost

Instruktioner:
1. Kom melet i en skål med fløden og andre ingredienser, pisk, overfør til en rund pande, bag ved 360 grader F i 25 minutter, del i serveringsskåle og server.

Ernæring: Kalorier 429, Fedt 36,3, Fiber 7,7, Kulhydrater 21,3, Protein 7,8

vandmelon salat

Forberedelsestid: 4 minutter
Tilberedningstid: 0 minutter
Portioner: 4

Ingredienser:
- 1 dl vandmelon, skrællet og skåret i tern
- 2 æbler, udkernede og hakkede
- 1 skefuld kokosfløde
- 2 bananer, skåret i stykker

Instruktioner:
1. I en skål kombineres vandmelonen med æblerne og andre ingredienser, blandes og serveres.

Ernæring: Kalorier 131, Fedt 1,3, Fiber 4,5, Kulhydrater 31,9, Protein 1,3

Pære og kokosblanding

Forberedelsestid: 10 minutter
Tilberedningstid: 10 minutter
Portioner: 4

Ingredienser:
- 2 teskefulde citronsaft
- ½ kop kokosfløde
- ½ kop revet kokos
- 4 pærer, udkernede og skåret i tern
- 4 spiseskefulde kokossukker

Instruktioner:
1. Bland pærerne med citronsaft og øvrige ingredienser i en gryde, rør rundt, sæt på medium varme og kog i 10 minutter.
2. Fordel i skåle og server koldt.

Ernæring: Kalorier 320, Fedt 7,8, Fiber 3, Kulhydrater 6,4, Protein 4,7

æblemos

Forberedelsestid: 10 minutter
Tilberedningstid: 15 minutter
Portioner: 4

Ingredienser:
- 5 spiseskefulde kokossukker
- 2 kopper appelsinjuice
- 4 æbler, udkernede og skåret i tern

Instruktioner:
1. Bland æblerne med sukker og appelsinsaft i en gryde, rør rundt, sæt på middel varme, kog i 15 minutter, del i skåle og server koldt.

Ernæring: Kalorier 220, Fedt 5,2, Fiber 3, Kulhydrater 5,6, Protein 5,6

abrikosgryderet

Forberedelsestid: 10 minutter
Tilberedningstid: 15 minutter
Portioner: 4

Ingredienser:
- 2 kopper abrikoser, halveret
- 2 kopper vand
- 2 skeer kokossukker
- 2 spsk citronsaft

Instruktioner:
1. Bland abrikoserne med vandet og øvrige ingredienser i en gryde, kassér, kog ved middel varme i 15 minutter, del i skåle og server.

Ernæring: Kalorier 260, Fedt 6,2, Fiber 4,2, Kulhydrater 5,6, Protein 6

Citron Cantaloupe Mix

Forberedelsestid: 10 minutter
Tilberedningstid: 10 minutter
Portioner: 4

Ingredienser:
- 2 dl cantaloupe, skrællet og hakket groft
- 4 spiseskefulde kokossukker
- 2 teskefulde vaniljeekstrakt
- 2 teskefulde citronsaft

Instruktioner:
1. Bland melonen med sukkeret og øvrige ingredienser i en lille gryde, rør rundt, varm op ved middel varme, kog i cirka 10 minutter, del i skåle og server koldt.

Ernæring: Kalorier 140, Fedt 4, Fiber 3,4, Kulhydrater 6,7, Protein 5

cremet rabarbercreme

Forberedelsestid: 10 minutter
Tilberedningstid: 14 minutter
Portioner: 4

Ingredienser:
- 1/3 kop fedtfattig flødeost
- ½ kop kokosfløde
- 2 pund rabarber, groft hakket
- 3 spsk kokossukker

Instruktioner:
1. Pisk flødeosten med mælkefløden og øvrige ingredienser i røremaskinen og pisk godt.
2. Del i små kopper, sæt i ovnen og bag ved 350 grader F i 14 minutter.
3. Serveres koldt.

Ernæring: Kalorier 360, Fedt 14,3, Fiber 4,4, Kulhydrater 5,8, Protein 5,2

ananas skåle

Forberedelsestid: 10 minutter
Tilberedningstid: 0 minutter
Portioner: 4

Ingredienser:
- 3 kopper skrællet og hakket ananas
- 1 tsk chiafrø
- 1 dl kokosfløde
- 1 tsk vaniljeekstrakt
- 1 spsk mynte, hakket

Instruktioner:
1. Bland ananasen med fløde og øvrige ingredienser i en skål, kassér, del i mindre skåle og stil på køl 10 minutter før servering.

Ernæring: Kalorier 238, Fedt 16,6, Fiber 5,6, Kulhydrater 22,8, Protein 3,3

blåbærgryderet

Forberedelsestid: 10 minutter
Tilberedningstid: 10 minutter
Portioner: 4

Ingredienser:
- 2 spsk citronsaft
- 1 kop vand
- 3 spsk kokossukker
- 12 ounce blåbær

Instruktioner:
1. Bland blåbærene med sukker og øvrige ingredienser i en gryde, bring det i kog og kog ved middel varme i 10 minutter.
2. Fordel i skåle og server.

Ernæring:Kalorier 122, Fedt 0,4, Fiber 2,1, Kulhydrater 26,7, Protein 1,5

Citronbudding

Forberedelsestid: 10 minutter
Tilberedningstid: 15 minutter
Portioner: 4

Ingredienser:
- 2 kopper kokosfløde
- saft af 1 lime
- Skal af 1 lime, revet
- 3 spsk kokosolie, smeltet
- 1 æg, pisket
- 1 tsk bagepulver

Instruktioner:
1. Kom cremen sammen med limesaften og resten af ingredienserne i en skål og pisk godt.
2. Opdel i små ramekins, sæt i ovnen og bag ved 360 grader F i 15 minutter.
3. Server buddingen kold.

Ernæring: Kalorier 385, Fedt 39,9, Fiber 2,7, Kulhydrater 8,2, Protein 4,2

ferskencreme

Forberedelsestid: 10 minutter
Tilberedningstid: 0 minutter
Portioner: 4

Ingredienser:
- 3 kopper kokosfløde
- 2 udstenede og hakkede ferskner
- 1 tsk vaniljeekstrakt
- ½ kop mandler, hakkede

Instruktioner:
1. Pisk fløde og øvrige ingredienser i en røremaskine, pisk godt, del i små skåle og server koldt.

Ernæring: kalorier 261, fedt 13, fibre 5,6, kulhydrater 7, protein 5,4

Bland med kanel og blomme

Forberedelsestid: 10 minutter
Tilberedningstid: 15 minutter
Portioner: 4

Ingredienser:
- 1 pund blommer, udstenede og halveret
- 2 skeer kokossukker
- ½ tsk kanelpulver
- 1 kop vand

Instruktioner:
1. Bland blommerne med sukker og øvrige ingredienser i en gryde, bring det i kog og kog ved middel varme i 15 minutter.
2. Fordel i skåle og server koldt.

Ernæring: Kalorier 142, Fedt 4, Fiber 2,4, Kulhydrater 14, Protein 7

Chia æbler og vanilje

Forberedelsestid: 10 minutter
Tilberedningstid: 10 minutter
Portioner: 4

Ingredienser:
- 2 dl æbler, udkernede og skåret i skiver
- 2 spsk chiafrø
- 1 tsk vaniljeekstrakt
- 2 kopper naturligt usødet æblejuice

Instruktioner:
1. Kom æbler med chiafrø og andre ingredienser i en lille gryde, kassér, kog ved middel varme i 10 minutter, fordel mellem serveringsskåle og server koldt.

Ernæring: Kalorier 172, Fedt 5,6, Fiber 3,5, Kulhydrater 10, Protein 4,4

Ris- og pærebudding

Forberedelsestid: 10 minutter
Tilberedningstid: 25 minutter
Portioner: 4

Ingredienser:
- 6 kopper vand
- 1 dl kokossukker
- 2 kopper sorte ris
- 2 pærer, udkernede og skåret i tern
- 2 tsk kanelpulver

Instruktioner:
1. Hæld vandet i en gryde, opvarm ved middel varme, tilsæt ris, sukker og andre ingredienser, rør rundt, bring det i kog, reducer varmen til middel varme og kog i 25 minutter.
2. Fordel i skåle og server koldt.

Ernæring: Kalorier 290, Fedt 13,4, Fiber 4, Kulhydrater 13,20, Protein 6,7

rabarbergryderet

Forberedelsestid: 10 minutter
Tilberedningstid: 15 minutter
Portioner: 4

Ingredienser:
- 2 dl rabarber, hakket groft
- 3 spsk kokossukker
- 1 tsk mandelekstrakt
- 2 kopper vand

Instruktioner:
1. Bland rabarberne med de øvrige ingredienser i en gryde, vend, sæt på medium varme, kog i 15 minutter, del i skåle og server koldt.

Ernæring: Kalorier 142, Fedt 4,1, Fiber 4,2, Kulhydrater 7, Protein 4

rabarbercreme

Forberedelsestid: 1 time
Tilberedningstid: 10 minutter
Portioner: 4

Ingredienser:
- 2 kopper kokosfløde
- 1 kop hakkede rabarber
- 3 æg, pisket
- 3 spsk kokossukker
- 1 spsk citronsaft

Instruktioner:
1. Kom cremen med rabarberne og øvrige ingredienser i en lille gryde, pisk godt, kog ved middel varme i 10 minutter, mos med en røremaskine, del i skåle og stil på køl i 1 time før servering.

Ernæring: Kalorier 230, Fedt 8,4, Fiber 2,4, Kulhydrater 7,8, Protein 6

blåbærsalat

Forberedelsestid: 5 minutter
Tilberedningstid: 0 minutter
Portioner: 4

Ingredienser:
- 2 kopper blåbær
- 3 spsk mynte, hakket
- 1 pære, udkernet og skåret i tern
- 1 æble, udkernet og hakket
- 1 skefuld kokossukker

Instruktioner:
1. Bland blåbærene med mynte og øvrige ingredienser i en skål, bland og server koldt.

Ernæring: Kalorier 150, Fedt 2,4, Fiber 4, Kulhydrater 6,8, Protein 6

Daddel- og banancreme

Forberedelsestid: 5 minutter
Tilberedningstid: 0 minutter
Portioner: 4

Ingredienser:
- 1 kop mandelmælk
- 1 skrællet og skåret banan
- 1 tsk vaniljeekstrakt
- ½ kop kokosfløde
- hakkede dadler

Instruktioner:
1. Bland dadlerne med bananerne og øvrige ingredienser i en blender, bland godt, del i små kopper og server koldt.

Ernæring: Kalorier 271, Fedt 21,6, Fiber 3,8, Kulhydrater 21,2, Protein 2,7

blommeboller

Forberedelsestid: 10 minutter
Tilberedningstid: 25 minutter
Portioner: 12

Ingredienser:
- 3 spsk kokosolie, smeltet
- ½ kop mandelmælk
- 4 æg, pisket
- 1 tsk vaniljeekstrakt
- 1 dl mandelmel
- 2 tsk kanelpulver
- ½ tsk bagepulver
- 1 kop udstenede og hakkede svesker

Instruktioner:
1. Bland kokosolien med mandelmælken og øvrige ingredienser i en skål og pisk godt.
2. Fordel i en muffinform, sæt i en 350 grader F ovn og bag i 25 minutter.
3. Server brødet koldt.

Ernæring: Kalorier 270, Fedt 3,4, Fiber 4,4, Kulhydrater 12, Protein 5

Afgrøde- og rosineskåle

Forberedelsestid: 10 minutter
Tilberedningstid: 20 minutter
Portioner: 4

Ingredienser:
- ½ pund blommer, udstenede og halveret
- 2 skeer kokossukker
- 4 skeer rosiner
- 1 tsk vaniljeekstrakt
- 1 dl kokosfløde

Instruktioner:
1. Bland blommerne med sukker og øvrige ingredienser i en gryde, bring det i kog og kog ved middel varme i 20 minutter.
2. Fordel i skåle og server.

Ernæring: Kalorier 219, Fedt 14,4, Fiber 1,8, Kulhydrater 21,1, Protein 2,2

solsikkestave

Forberedelsestid: 10 minutter
Tilberedningstid: 20 minutter
Portioner: 6

Ingredienser:
- 1 dl kokosmel
- ½ tsk bagepulver
- 1 spiseskefuld hørfrø
- 3 spsk mandelmælk
- 1 kop solsikkekerner
- 2 spsk kokosolie, smeltet
- 1 tsk vaniljeekstrakt

Instruktioner:
1. Kombiner melet med bagepulver og resten af ingredienserne i en skål, bland godt, fordel på en bageplade, tryk godt, bag ved 350 grader F i 20 minutter, lad afkøle, skær i stænger. og server.

Ernæring: kalorier 189, fedt 12,6, fibre 9,2, kulhydrater 15,7, protein 4,7

Tranebær Cashew skåle

Forberedelsestid: 10 minutter
Tilberedningstid: 0 minutter
Portioner: 4
Ingredienser:

- 1 kop cashewnødder
- 2 dl brombær
- ¾ kop kokosfløde
- 1 tsk vaniljeekstrakt
- 1 skefuld kokossukker

Instruktioner:

1. I en skål kombineres cashewnødderne med frugten og andre ingredienser, blandes, fordeles i små skåle og serveres.

Ernæring: Kalorier 230, Fedt 4, Fiber 3,4, Kulhydrater 12,3, Protein 8

Appelsin og mandarin skåle

Forberedelsestid: 4 minutter
Tilberedningstid: 8 minutter
Portioner: 4

Ingredienser:
- 4 appelsiner, skrællet og skåret i skiver
- 2 mandariner, skrællet og skåret i skiver
- saft af 1 lime
- 2 skeer kokossukker
- 1 kop vand

Instruktioner:
1. Bland appelsinerne med mandarinerne og øvrige ingredienser i en gryde, bring det i kog og kog ved middel varme i 8 minutter.
2. Fordel i skåle og server koldt.

Ernæring: Kalorier 170, Fedt 2,3, Fiber 2,3, Kulhydrater 11, Protein 3,4

Creme af græskar

Forberedelsestid: 2 timer
Tilberedningstid: 0 minutter
Portioner: 4

Ingredienser:
- 2 kopper kokosfløde
- 1 dl græskarpuré
- 14 ounce kokosfløde
- 3 spsk kokossukker

Instruktioner:
1. Bland cremen med græskarpuréen og øvrige ingredienser i en skål, pisk godt, del i små skåle og stil på køl i 2 timer inden servering.

Ernæring: Kalorier 350, Fedt 12,3, Fiber 3, Kulhydrater 11,7, Protein 6

En blanding af figner og rabarber

Forberedelsestid: 6 minutter
Tilberedningstid: 14 minutter
Portioner: 4

Ingredienser:
- 2 spsk kokosolie, smeltet
- 1 kop rabarber, groft hakket
- 12 figner halveret
- ¼ kop kokossukker
- 1 kop vand

Instruktioner:
1. Varm en pande op med olivenolie ved middel varme, tilsæt figner og øvrige ingredienser, rør rundt, kog i 14 minutter, del i små kopper og server koldt.

Ernæring: Kalorier 213, Fedt 7,4, Fiber 6,1, Kulhydrater 39, Protein 2,2

krydret banan

Forberedelsestid: 4 minutter
Tilberedningstid: 15 minutter
Portioner: 4

Ingredienser:
- 4 bananer, skrællet og halveret
- 1 tsk muskatnød, stødt
- 1 tsk kanelpulver
- saft af 1 lime
- 4 spiseskefulde kokossukker

Instruktioner:
1. Placer bananer på en bageplade, tilsæt muskatnød og andre ingredienser, bag ved 350 grader F i 15 minutter.
2. Fordel de ristede bananer mellem tallerkener og server.

Ernæring: Kalorier 206, Fedt 0,6, Fiber 3,2, Kulhydrater 47,1, Protein 2,4

kakao cocktail

Forberedelsestid: 5 minutter
Tilberedningstid: 0 minutter
Portioner: 2

Ingredienser:

- 2 teskefulde kakaopulver
- 1 avocado, udstenet, skrællet og moset
- 1 kop mandelmælk
- 1 dl kokosfløde

Instruktioner:

1. Bland mandelmælken med fløden og øvrige ingredienser i en blender, pisk godt, del i små glas og server afkølet.

Ernæring: Kalorier 155, Fedt 12,3, Fiber 4, Kulhydrater 8,6, Protein 5

bananbarer

Forberedelsestid: 30 minutter
Tilberedningstid: 0 minutter
Portioner: 4
Ingredienser:

- 1 dl kokosolie, smeltet
- 2 bananer, skrællet og skåret i skiver
- 1 avocado, skrællet, udstenet og moset
- ½ kop kokossukker
- ¼ kop citronsaft
- 1 tsk citronskal, revet
- Madlavningsspray

Instruktioner:

1. I en foodprocessor kombineres bananerne med olien og andre ingredienser, undtagen madlavningssprayen, og blendes godt.
2. Smør en bradepande med madlavningsspray, hæld og fordel bananblandingen, læg låg på, afkøl i 30 minutter, skær i stænger og server.

Ernæring: Kalorier 639, Fedt 64,6, Fiber 4,9, Kulhydrater 20,5, Protein 1,7

Grøn te dadelbarer

Forberedelsestid: 10 minutter
Tilberedningstid: 30 minutter
Portioner: 8

Ingredienser:
- 2 teskefulde grøn te pulver
- 2 dl kokosmælk, opvarmet
- ½ kop kokosolie, smeltet
- 2 dl kokossukker
- 4 æg, pisket
- 2 teskefulde vaniljeekstrakt
- 3 kopper mandelmel
- 1 tsk bagepulver
- 2 teskefulde bagepulver

Instruktioner:
1. Kombiner kokosmælk med grøn te-pulver og de resterende ingredienser i en skål, bland godt, hæld i en firkantet gryde, fordel, bag ved 350 grader F i 30 minutter, afkøl, skær i skiver. i barer og server.

Ernæring: Kalorier 560, Fedt 22,3, Fiber 4, Kulhydrater 12,8, Protein 22,1

valnøddecreme

Forberedelsestid: 2 timer
Tilberedningstid: 0 minutter
Portioner: 4

Ingredienser:
- 2 kopper mandelmælk
- ½ kop kokosfløde
- ½ kop valnødder, hakkede
- 3 spsk kokossukker
- 1 tsk vaniljeekstrakt

Instruktioner:
1. Bland mandelmælken med fløden og øvrige ingredienser i en skål, pisk godt, del i små kopper og stil på køl i 2 timer inden servering.

Ernæring: Kalorier 170, Fedt 12,4, Fiber 3, Kulhydrater 12,8, Protein 4

Citronkage

Forberedelsestid: 10 minutter
Tilberedningstid: 35 min
Portioner: 6

Ingredienser:
- 2 dl fuldkornsmel
- 1 tsk bagepulver
- 2 spsk kokosolie, smeltet
- 1 æg, pisket
- 3 spsk kokossukker
- 1 kop mandelmælk
- 1 citronskal, revet
- 1 citronsaft

Instruktioner:
1. Kombiner melet med olien og andre ingredienser i en skål, pisk godt, overfør til en bageplade og bag ved 360 grader F i 35 minutter.
2. Skær i skiver og server koldt.

Ernæring: Kalorier 222, Fedt 12,5, Fiber 6,2, Kulhydrater 7, Protein 17,4

rosin barer

Forberedelsestid: 10 minutter
Tilberedningstid: 25 minutter
Portioner: 6

Ingredienser:
- 1 tsk kanelpulver
- 2 kopper mandelmel
- 1 tsk bagepulver
- ½ tsk muskatnød, stødt
- 1 dl kokosolie, smeltet
- 1 dl kokossukker
- 1 æg, pisket
- 1 kop rosiner

Instruktioner:
1. Kombiner mel med kanel og andre ingredienser i en skål, bland godt, fordel på en bageplade, sæt i ovnen, bag ved 380 grader F i 25 minutter, skær i strimler og server koldt.

Ernæring: Kalorier 274, Fedt 12, Fiber 5,2, Kulhydrater 14,5, Protein 7

nektarin firkanter

Forberedelsestid: 10 minutter
Tilberedningstid: 20 minutter
Portioner: 4

Ingredienser:
- 3 nektariner, udstenede og hakkede
- 1 skefuld kokossukker
- ½ tsk bagepulver
- 1 dl mandelmel
- 4 spsk kokosolie, smeltet
- 2 skeer kakaopulver

Instruktioner:
1. Bland nektarinerne med sukkeret og resten af ingredienserne i en blender, bland godt, hæld i en foret firkantet gryde, fordel, kog ved 375 grader F i 20 minutter, lad blandingen afkøle lidt. , Skær i firkanter og server.

Ernæring: Kalorier 342, Fedt 14,4, Fiber 7,6, Kulhydrater 12, Protein 7,7

gryderet med druer

Forberedelsestid: 10 minutter
Tilberedningstid: 20 minutter
Portioner: 4

Ingredienser:
- 1 kop grønne druer
- Saft af ½ lime
- 2 skeer kokossukker
- 1 og ½ dl vand
- 2 tsk kardemommepulver

Instruktioner:
1. Varm en gryde med vand op på middel varme, tilsæt druer og øvrige ingredienser, bring det i kog, kog i 20 minutter, del i skåle og server.

Ernæring: Kalorier 384, Fedt 12,5, Fiber 6,3, Kulhydrater 13,8, Protein 5,6

mandarin og blommecreme

Forberedelsestid: 10 minutter
Tilberedningstid: 20 minutter
Portioner: 4

Ingredienser:
- 1 mandarin, skrællet og hakket
- ½ pund svesker, udstenede og hakkede
- 1 dl kokosfløde
- 2 mandarinjuice
- 2 skeer kokossukker

Instruktioner:
1. Kombiner mandariner med svesker og de resterende ingredienser i en blender, bland godt, bræk i små stykker, sæt i ovnen, bag ved 350 grader F i 20 minutter og server koldt.

Ernæring: Kalorier 402, Fedt 18,2, Fiber 2, Kulhydrater 22,2, Protein 4,5

Kirsebær- og jordbærcreme

Forberedelsestid: 10 minutter
Tilberedningstid: 0 minutter
Portioner: 6

Ingredienser:
- 1 pund udstenede kirsebær
- 1 kop hakkede jordbær
- ¼ kop kokossukker
- 2 kopper kokosfløde

Instruktioner:
1. Bland kirsebærene med de øvrige ingredienser i en blender, bland godt, del i glas og server koldt.

Ernæring: Kalorier 342, Fedt 22,1, Fiber 5,6, Kulhydrater 8,4, Protein 6,5

Kardemommenødder og risengrød

Forberedelsestid: 5 minutter
Tilberedningstid: 40 minutter
Portioner: 4

Ingredienser:
- 1 kop basmatiris
- 3 kopper mandelmælk
- 3 spsk kokossukker
- ½ tsk kardemommepulver
- ¼ kop valnødder, hakket

Instruktioner:
1. Bland risene med mælken og øvrige ingredienser i en gryde, rør rundt, lad koge i 40 minutter ved middel varme, del i skåle og server koldt.

Ernæring: Kalorier 703, Fedt 47,9, Fiber 5,2, Kulhydrater 62,1, Protein 10,1

pærebrød

Forberedelsestid: 10 minutter
Tilberedningstid: 30 minutter
Portioner: 4

Ingredienser:
- 2 dl pærer, udkernede og skåret i tern
- 1 dl kokossukker
- 2 æg, pisket
- 2 kopper mandelmel
- 1 skefuld bagepulver
- 1 spsk kokosolie, smeltet

Instruktioner:
1. Kombiner pærerne med sukker og andre ingredienser i en skål, pisk, hæld i en bageplade, sæt i ovnen og bag ved 350 grader F i 30 minutter.
2. Skær i skiver og server koldt.

Ernæring: Kalorier 380, Fedt 16,7, Fiber 5, Kulhydrater 17,5, Protein 5,6

Risengrød og kirsebær

Forberedelsestid: 10 minutter
Tilberedningstid: 25 minutter
Portioner: 4

Ingredienser:
- 1 spsk kokosolie, smeltet
- 1 kop hvide ris
- 3 kopper mandelmælk
- ½ kop kirsebær, udstenede og halveret
- 3 spsk kokossukker
- 1 tsk kanelpulver
- 1 tsk vaniljeekstrakt

Instruktioner:
1. Bland olien med ris og øvrige ingredienser i en gryde, rør rundt, kog op, kog i 25 minutter ved middel varme, del i skåle og server koldt.

Ernæring: Kalorier 292, Fedt 12,4, Fiber 5,6, Kulhydrater 8, Protein 7

vandmelongryderet

Forberedelsestid: 5 minutter
Tilberedningstid: 8 minutter
Portioner: 4

Ingredienser:
- saft af 1 lime
- 1 tsk citronskal, revet
- 1 og ½ dl kokossukker
- 4 dl vandmelon, skrællet og skåret i store stykker
- 1 og ½ dl vand

Instruktioner:
1. Bland vandmelonen med citronskallen i en gryde og bland de øvrige ingredienser, sæt på medium varme, kog i 8 minutter, del i skåle og server koldt.

Ernæring:: kalorier 233, fedt 0,2, fibre 0,7, kulhydrater 61,5, protein 0,9

ingefær budding

Forberedelsestid: 1 time
Tilberedningstid: 0 minutter
Portioner: 4

Ingredienser:
- 2 kopper mandelmælk
- ½ kop kokosfløde
- 2 skeer kokossukker
- 1 spsk ingefær, revet
- ¼ kop chiafrø

Instruktioner:
1. Bland mælken med fløden og øvrige ingredienser i en skål, pisk godt, del i små kopper og stil på køl i 1 time inden servering.

Ernæring: Kalorier 345, Fedt 17, Fiber 4,7, Kulhydrater 11,5, Protein 6,9

cashew creme

Forberedelsestid: 2 timer
Tilberedningstid: 0 minutter
Portioner: 4

Ingredienser:
- 1 dl hakkede cashewnødder
- 2 spsk kokosolie, smeltet
- 2 spsk kokosolie, smeltet
- 1 dl kokosfløde
- citronsaft skeer
- 1 skefuld kokossukker

Instruktioner:
1. Pisk cashewnødder med kokosolie og øvrige ingredienser i en blender, bland godt, del i små kopper og stil på køl i 2 timer før servering.

Ernæring: Kalorier 480, Fedt 43,9, Fiber 2,4, Kulhydrater 19,7, Protein 7

hamp cookies

Forberedelsestid: 30 minutter
Tilberedningstid: 0 minutter
Portioner: 6

Ingredienser:
- 1 dl mandler udblødt natten over og afdryppet
- 2 skeer kakaopulver
- 1 skefuld kokossukker
- ½ kop hampefrø
- ¼ kop revet kokosnød
- ½ kop vand

Instruktioner:
1. Kombiner mandlerne med kakaopulveret og andre ingredienser i en foodprocessor, bland godt, beklæd en bageplade, stil på køl i 30 minutter, skær og server.

Ernæring: Kalorier 270, Fedt 12,6, Fiber 3, Kulhydrater 7,7, Protein 7

Mandel og granatæble skåle

Forberedelsestid: 2 timer
Tilberedningstid: 0 minutter
Portioner: 4

Ingredienser:
- ½ kop kokosfløde
- 1 tsk vaniljeekstrakt
- 1 kop mandler, hakkede
- 1 kop granatæblekerner
- 1 skefuld kokossukker

Instruktioner:
1. Bland mandlerne med fløde og øvrige ingredienser i en skål, bland, del i små skåle og server.

Ernæring: Kalorier 258, Fedt 19, Fiber 3,9, Kulhydrater 17,6, Protein 6,2

Kyllingelår og grøntsager med rosmarin

Forberedelsestid: 10 minutter
Tilberedningstid: 40 minutter
Portioner: 4

Ingredienser:
- 2 pund kyllingebryst uden skind, udbenet og i tern
- 1 gulerod i tern
- 1 stilk selleri, hakket
- 1 tomat, i tern
- 2 små rødløg, hakket
- 1 zucchini i tern
- 2 fed hvidløg, hakket
- 1 spsk rosmarin, hakket
- 2 spsk olivenolie
- sort peber efter smag
- ½ dl grøntsagsbouillon med lavt natriumindhold

Instruktioner:
1. Varm en pande op med olivenolie ved middel varme, tilsæt løg og hvidløg, rør rundt og steg i 5 minutter.
2. Tilsæt kyllingen, bland og kog i yderligere 5 minutter.
3. Tilsæt gulerod og andre ingredienser, bland, bring i kog og kog ved middel varme i 30 minutter.
4. Fordel blandingen mellem tallerkener og server.

Ernæring: Kalorier 325, Fedt 22,5, Fiber 6,1, Kulhydrater 15,5, Protein 33,2

Kylling med gulerødder og kål

Forberedelsestid: 10 minutter
Tilberedningstid: 25 minutter
Portioner: 4

Ingredienser:
- 1 pund kyllingebryst uden skind, udbenet og skåret i tern
- 2 spsk olivenolie
- 2 gulerødder, skrællet og revet
- 1 tsk sød paprika
- ½ dl grøntsagsbouillon med lavt natriumindhold
- 1 rødkålshoved, hakket
- 1 gult løg, hakket
- sort peber efter smag

Instruktioner:
1. Varm en pande op med olie ved middel varme, tilsæt løget, rør rundt og steg i 5 minutter.
2. Tilsæt kødet og steg i yderligere 5 minutter.
3. Tilsæt gulerod og andre ingredienser, bland, bring i kog og kog ved medium varme i 15 minutter.
4. Fordel det hele mellem tallerkenerne og server.

Ernæring: Kalorier 370, Fedt 22,2, Fiber 5,2, Kulhydrater 44,2, Protein 24,2

Aubergine og kalkun sandwich

Forberedelsestid: 10 minutter
Tilberedningstid: 25 minutter
Portioner: 4

Ingredienser:
- 1 skind, udbenet kalkunbryst, skåret i 4 stykker
- 1 aubergine, skåret i 4 skiver
- sort peber efter smag
- 1 spsk olivenolie
- 1 spsk oregano, hakket
- ½ kop lav natrium tomatsauce
- ½ kop fedtfattig cheddarost, revet
- 4 skiver fuldkornsbrød

Instruktioner:

1. Varm en grill op til middel varme, tilsæt kalkunskiverne, dryp med halvdelen af olien, drys med sort peber, kog i 8 minutter på hver side og læg på en tallerken.
2. Læg auberginekiverne på den forvarmede grill, dryp med den resterende olie og krydr med sort peber, steg i 4 minutter på hver side og overfør også til tallerkenen med kalkunskiverne.
3. Læg 2 skiver brød på en arbejdsflade, fordel osten på hver, fordel aubergine- og kalkunskiver på hver, drys med oregano, dryp med sauce og dæk med de 2 andre brødskiver.
4. Fordel sandwichene mellem tallerkener og server.

Ernæring: Kalorier 280, Fedt 12,2, Fiber 6, Kulhydrater 14, Protein 12

www.ingramcontent.com/pod-product-compliance
Lightning Source LLC
Chambersburg PA
CBHW071911110526
44591CB00011B/1637